NAOKO
OKUSA'S
STYLING
BOOK

はじめに

こんにちは。大草直子です(笑)。この本、読んでくださる方の顔を思い浮かべながら書いたので、最初に自己紹介させてください。数年前に出版した、1冊目、2冊目の本は、緊張しながら。その後の3冊目、4冊目の本は、何かの機会にお会いした読者の方の悩みを想像しながら。そして、今回の5冊目の本。もしかしたら、この「Styling Book」のために、ブログも毎日楽しく続けられたし、たくさんの人と時間を共有し、そして顔だけでなく、名前も記憶にインプットできたのかもしれません。そう、ブログのユーザーさんやイベントに来てくださった、あなたやあなた。過去の本を読んでくださった読者の方、お仕事をさせていただいている雑誌の読者さん。その人たちがどんなことを知りたいのか、何が彼女たちのおしゃれを進め、もっと楽しんでもらえるだろう……。確かな人の気配を感じながら、書き進めました。例えば、巻末にご紹介した、服のお手入れの仕方や実用アイテムは、実際にブログで募った質問、お悩みを取材するかたちで、アンサーをご紹介しました。すべての読んでくださる方が、私とまるで会話をするように、読んでもらえますように。読み終わった後は、クローゼットの片隅や、お気に入りのコーナーに立てかけてもらったり。そんなふうに、身近な場所に置いてもらえたら。こんなに嬉しいことはありません。

大草直子

Contents

はじめに ●002

OKUSA'S CLOSET DOOR 01
大草的、定番アイテム ●007

Shirt ［シャツ］ ●010
今、一番愛用のシャツはこれ！ ●011
p10の着こなし分解！　コーディネートプロセスはこうなっている！ ●012
これもおすすめ！　大草スタイルに欠かせない最愛シャツリスト ●014
まだまだ見せます！　シャツの着こなし ●016

Cropped Pants ［クロップドパンツ］ ●018
今、愛用中のパンツは4本ともセンタープレス＆クロップドのシルエット！ ●019
p18の着こなし分解！　コーディネートプロセスはこうなっている！ ●020
ほかにもこんなパンツが活躍中！ ●022

Jacket ［ジャケット］ ●024
テーラードの着回し3パターン ●026
レザーライダースの着回し2パターン ●028
ノーカラージャケットの着回し2パターン ●029

Knit ［ニット］ ●030
グレーのスキンニットの着回し3パターン ●032
ベージュのタートルニットの着回し2パターン ●034
ツインニットの着回し2パターン ●035

Trench Coat ［トレンチコート］ ●036
このトレンチなら3シーズンが無限に着回しできる！ ●037

One-piece ［ワンピース］ ●042

麻でシンプルだから、違うベクトルで着こなせる ●044
無駄のないデザインこそ、イメージを明確に ●046

Denim［デニム］●048
自信をもってはける選りすぐりの2本はこれ！ ●050
細かい部分にこだわってこそ！　大草流デニム・ルール公開！ ●052
どんなシーンでもフィットするのがデニムの魅力！ ●054

Stole&Scarf［ストール＆スカーフ］●056
HOW TO WIND ストール＆スカーフで顔周りが変わる！ 巻き方講座
大判ストールの巻き方 ●058
カシミヤストールの巻き方2パターン ●059
カシミヤシルクの巻き方2パターン ●060
シルクジャージのスカーフの巻き方2パターン ●061

Accessory［アクセサリー］
Pearl［パール］●062／Necklace Layered［ネックレスレイヤード］●064
Bracelet&Bangle［手元レイヤード］●066／Eyewear［アイウェア］●068
Impact Necklace［インパクトネックレス］●069／Pierced Earrings［ピアス］●070
Watch［時計］●071／Shoes［靴］●072／Bag［バッグ］●073
大草's Bagの中身 ●074

Column01 大草的旅Style　国内旅行 ●076

OKUSA'S CLOSET DOOR　02
ワードローブ着回し ●077

大草流ワードローブのそろえ方完全シミュレーション［春夏編］●080
10日間着回しコーディネート ●084
大草流ワードローブのそろえ方完全シミュレーション［秋冬編］●088
10日間着回しコーディネート ●092
天気＆予定別コーディネートの大草的・パターンを公開！ ●096

Column02 大草的旅Style　N.Y. ●098

Contents

OKUSA'S CLOSET DOOR 03
大草'sパーソナルトピック ●099
私の日常お見せします！ ●102
生活感あふれる自宅(笑)を大公開 ●104
「私らしさ」を支える愛用コスメ ●108
インスピレーションを与えてくれる映画、本、人…… ●110

Column03 大草的旅Style　リゾート ●112

OKUSA'S CLOSET DOOR 04
おしゃれetc. ●113
インナー＆ルームウエアのマイ定番 ●116
お手入れ＆収納のお役立ちアイテム ●118
服のお手入れ練習帖 ●120

おわりに ●124
Shop List ●126

OKUSA'S CLOSET DOOR

01

大草的、定番アイテム

体型によく似合い、好みを100%受容してくれ、そして着こなしの可能性を広げてくれる、自分にとっての定番アイテム。これがあるかないか——で、おしゃれの完成度は違ってくる。そして、「お守り的」にも絶対に必要なもの。

小さなクローゼットに並ぶのは
計算され尽くした「MY ITEMS」

私のクローゼットは、両手を広げて届くくらいの幅。とても小さくて心地良い。果てしなく大きなウォークインクローゼットの中を、「何を着よう」「あの服はどこにある？」と途方に暮れる必要もないし、欲しいものが、手を伸ばせばすぐ手に取れるところにある。そうした限られたスペースの中で、1週間に2回以上は着るものが真ん中にかかり、右端にアウターやブルゾンなど、そして一番奥は、1か月に数回しか着ないワンピースなどが収納されている。その中央の「ヘビロテ」ゾーンに並ぶのは、ここ数年ほとんど変わらないアイテムたち。例えばトップで言うと白いシャツやグレーのニット、ボトムは、ほとんど同じかたち、同じ丈のパンツ、そして、コートならトレンチコ

ート……のように。それはきっと、人によって違うのだろうし。これは、ここ数年をかけて、私自身の仕事の内容や、日常の予定、もちろん好みや客観的に見て似合っているのかどうか──も細かく吟味して、できあがった「ワードローブ」。9頭身のモデルでない限り、39歳の私に「似合うもの」「着るべきもの」は、実はとても数少ないし、そのほうが、きっとおしゃれになれると信じているからこそ、このコンパクトなもちものを、とても気に入っている。大げさでなく、30代のほとんどを使って探し続けた「MY ITEMS」。たくさんの時間もお金も、それこそ頭も使ったけれど、仕事でプライベートで──その服や小物を使ったスタイリングのやり方、そして、「MY ITEMS」の見つけ方は、かけた情熱に見合う、私の宝物になっている。

Shirt シャツ

白シャツは、女性にとって勝負服だと思う。小さな衿が凛々しさを、真っ白なコットンが信頼感を、そして無造作にまくった袖が、清潔な色っぽさを連れてきてくれる。ただし、シャツが身体にしっくりなじみ、本当に似合うようになるのは、30代半ばから。バストの位置が下がり、肩が丸くまろやかになり、デコルテの贅肉がそげてきたら、それが「シャツ年齢」の合図。どんな年齢にも似合うものではないからこそ、「今年こそは」と待つ楽しみがあり、そして女性の身体の変化も受容してくれる、スペシャルなアイテムなのだ。

DOOR 01　　　Okusa's Basic Item 1　　　Shirt

今、一番愛用のシャツはこれ！

この1枚に出会ってから、私は自分が「シャツ年齢」に達したことを、心から喜べるようになった。20代の頃とは確かに違う、丸みを帯びたボディラインにセクシーに寄り添い、例えば鎖骨や、肘から手首まで——こんなお気に入りのパーツを、もっと好きになれたのだ。

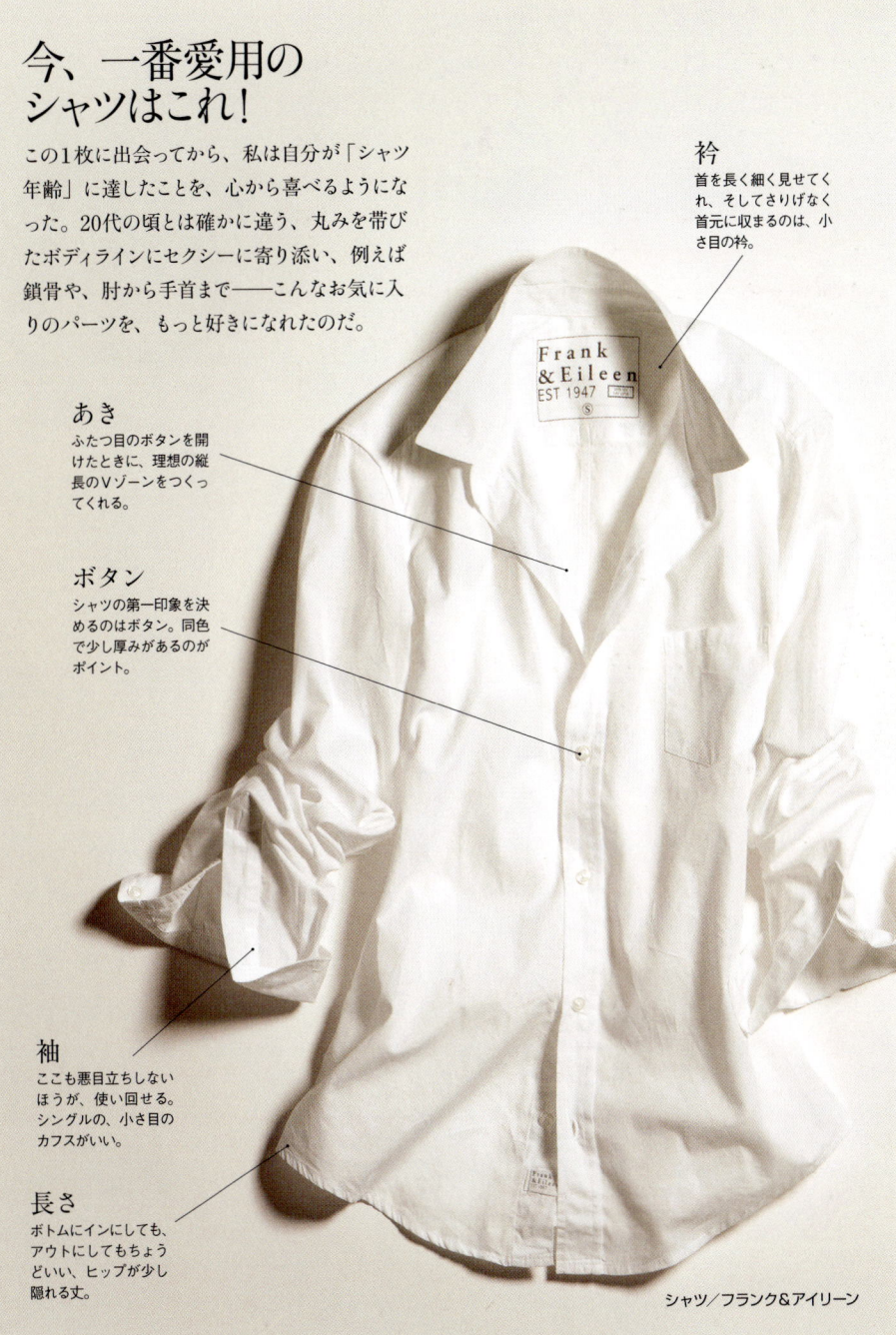

衿
首を長く細く見せてくれ、そしてさりげなく首元に収まるのは、小さ目の衿。

あき
ふたつ目のボタンを開けたときに、理想の縦長のVゾーンをつくってくれる。

ボタン
シャツの第一印象を決めるのはボタン。同色で少し厚みがあるのがポイント。

袖
ここも悪目立ちしないほうが、使い回せる。シングルの、小さ目のカフスがいい。

長さ
ボトムにインにしても、アウトにしてもちょうどいい、ヒップが少し隠れる丈。

シャツ／フランク＆アイリーン

p10の着こなし分解！
コーディネートプロセスはこうなっている！

Start!

「今日のシャツ」を
決定する

まず、シャツを決めたら、前
の日にクローゼットの外にか
けておく。一度空気を入れて
立体感を復活させておくこと
が大切。
シャツ／フランク＆アイリーン

迫力を足したいから、
ボリュームブレスを＋

シャツの着こなしでポイント
を置くべきは手元。ネックレ
スやピアスではなく、「手周り」
をどう装うか——例えば、こ
んなパワフルなひとつ。
バングル／コフィー

Check!

首の後ろの衿を
立てるのが正解

衿先までぴんと立ててしまう
と、少し古臭いイメージにな
ってしまう。後ろだけを立て
て、前立てにかけて自然と開
く感じにすると格好いい。

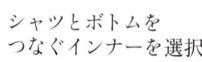

シャツとボトムを
つなぐインナーを選択

トップとボトムが決まったら、
間をつなぐアイテムを決める。
ボタンを開けてラフに着たい
なら、インナーを投入。淡い
杢グレーなら万能。
タンクトップ／クラブ・モナコ

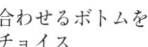
合わせるボトムを
チョイス

白シャツは、いわばキャンバス。
どんなアイテムでも合わせやすい
からこそ、スタイリングの方向性を
クリアにしないと素敵になれない。
スカート／ドゥロワー

Check!

ふたつ目まで？　三つ目まで？
ボタンの開け方を研究したい

このシャツはひとつ目のボタンが、か
なり下についているので、ふたつ目ま
で開けてちょうどいい。ラウンドネッ
クのタンクトップを覗かせて。

DOOR 01　　　Okusa's Basic Item 1　　　Shirt

ハンサムな時計が、「自分らしさ」を連れてくる

シャツは本来男性のアイテム。時計をカフスから覗かせて着るべきもの。私は、大振りな、メンズライクなものが好き。

時計／IWC
ブレスレット／パリで買ったもの

Goal!

Check!

袖を肘までまくるとアクティブに

肘のあたりからぐっとたくし、最後にカフス部分を2、3回折る感じにアレンジするとバランスがとりやすい。カフスの角を見せるときれい。

顔周りのアクセサリーは、サングラスが最適

衿があるシャツは、顔周りを無造作にしておいたほうが、「シャツ慣れ」した印象になる。私の場合、最後にサングラスを足すだけで充分。

サングラス／オリバーピープルズ

靴でバランスを決める。重目の靴でボリュームを

靴はイメージを操作する、というよりは、全身のバランスを調節するためのもの。マキシワンピースの「重たさ」を支えるのは、こんな1足。

サンダル／ジバンシィ

バッグは最後の調整役。ここで女っぽさも忘れずに

ハンサムなアイテムを効かせた後は、全身のイメージを、最後にバッグで微調整。こなれた印象と女性らしさを、クラッチバッグに映す。

クラッチバッグ／ラフェ ニューヨーク

これもおすすめ！
大草スタイルに欠かせない最愛シャツリスト

衿が小さ目で、素肌になじむナチュラルな素材感、そして「男の子っぽい」風情がある。これが、私がいつもシャツを選ぶときの条件。35歳を越えて復活した「シャツ愛」——ほかには、こんな4枚が現在のお気に入りです！

少し長目の白。ジャケット代わりに愛用

コットンの白は、実は真夏に着ることがとても多い。なぜなら、とても涼しいから！　ベルトでウエストマークするとバランス◎。
シャツ／アンタイトル

息子のリオがお手本。とことん男の子っぽく

小さな衿のボタンダウン、洗濯機でがんがん洗ってもOKな、丈夫な素材。白のパンツと合わせたり、スタイリングはボーイッシュに。
シャツ／アバクロンビー＆フィッチ

DOOR 01　　　Okusa's Basic Item 1　　　Shirt

永遠に大好きなチェックは、通年着られる1枚

洗いざらしのコットンだから、素肌に重ねても、タートルニットに羽織ってもバランスがとりやすい。「出会いに感謝したい」日本のブランド。

シャツ/ヴィズヴィム

これで何代目かわからない、ラルフのダンガリーシャツ

シルエット、ボタンなどのディテール、素材の表情。ラルフローレンのダンガリーはパーフェクト！ 高校時代から愛用、これで3代目。

シャツ/ラルフ ローレン

まだまだ見せます！ シャツの着こなし

デイリーに活用している、p14-15のお気に入りのシャツ4枚。インナーに着たり、アウターにしたり、シーンもさまざま。「前開き」のタイプだからこそ、さまざまな着方があって、だからこそシャツは楽しい！

シャツ／ヴィズヴィム
タンクトップ／バナーバレット
デニム／シチズンズ オブ ヒューマニティ
バッグ／シャネル
P バギーデニムなら、'70年代風にも

シャツ／ヴィズヴィム
マキシワンピース／ノーブランド
バッグ／ユナイテッドアローズ
サンダル／ハワイアナス
P 同じチェックシャツもマキシスカートでリラックス

シャツ／アバクロンビー＆フィッチ
パンツ／カレン ウォーカー ラナウェイ
バッグ／シャネル
P バッグは「大人」を守れば、リッチに着こなせる

シャツ／アンタイトル
パンツ／ダイアン フォン ファステンバーグ
バッグ／イヴ・サンローラン
靴／ミュウミュウ
P クロップド丈のパンツで、スケ感をプラス

↑
シャツ／アバクロンビー＆フィッチ
スカート／マーク byマーク ジェイコブス
バッグ（大）／ユージュ
バッグ（小）／シャネル
靴／ジミー チュウ
P スポーティなボーダーで、シャツの魅力を満喫

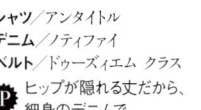

シャツ／アンタイトル
デニム／ノティファイ
ベルト／ドゥーズィエム クラス
P ヒップが隠れる丈だから、細身のデニムで

シャツ／アンタイトル
パンツ／トゥモローランド
バッグ／ルイ・ヴィトン
靴／ミュウミュウ
P 「全身キャメル」に、白で明るさを足して

DOOR 01　　　Okusa's Basic Item [1]　　　Shirt

シャツ／ラルフ ローレン
ニット／ミュウミュウ
パンツ／ユナイテッドアローズ
靴／セルジオ・ロッシ
P ショート丈のニットと。
裾を出してバランスをとって

シャツ／ラルフ ローレン
コート／トゥモローランド
ベスト／ラルフ ローレン
デニム／レッドカード
バッグ／シャネル
靴／ステファノ・ガンバ
P 「デニム」の上下も、
ベストでリズミカルに

シャツ／ラルフ ローレン
スカート／ドゥロワー
バッグ／イヴ・サンローラン
ストール／エルメス
靴／ミュウミュウ
P マキシスカートと、
長めに使ったスカーフで
レイヤード

シャツ／アバクロンビー＆フィッチ
マキシワンピ／ビューティ＆ユース
バッグ／ユナイテッドアローズ
靴／ハワイアナス
P 妊娠中のお腹のふくらみを
シャツでカムフラージュ

シャツ／ラルフ ローレン
マキシワンピ／ノーブランド
バッグ(大)／ノーブランド
バッグ(小)／ソニア リキエル
サンダル／ビルケンシュトック
P 効果的に黒をちらして、
全身を引き締めて

シャツ／ラルフ ローレン
ベスト／デュベティカ
デニム／レッドカード
バッグ／ノーブランド
靴／UGG®
P ＋ニット、＋ベスト。
「重ね着」で立体感を

シャツ／ラルフ ローレン
ベスト／デュベティカ
パンツ／レッドカード
バッグ／ジバンシィ
靴／セルジオ・ロッシ
P さまざまなテイストも、
ダンガリーがまとめてくれる

シャツ／ラルフ ローレン
ワンピース／パタゴニア
P 家着のワンピースにもカー
ディガンみたいに重ね
て。子供を抱っこしたり、
料理をしたり……も、こ
のシャツなら大丈夫！

017

Cropped Pants クロップドパンツ

私の「コンプレックス」は下半身に集中している。大学生の頃などは、「嘆くこと」や、「人を羨むこと」に時間を費やしたけれど、30代になって、それもやめた。そうだ！ 私には強い味方、服があるのだから——。自信のないところをカバーし、逆に励ましてくれる、そんなボトムを探し続けた結果、こんな結論に。八分丈のクロップドパンツ。文字通り、着こなしの土台になってくれるボトム、「これなら間違いない」1着に出会えたら、おしゃれは、驚くほど楽しくラクになると思う。

DOOR 01　　Okusa's Basic Item 2　　Cropped Pants

今、愛用中のパンツは4本とも センタープレス&クロップドのシルエット!

足元にヌケをつくり、後ろ姿もきれい。そんな基準で選んだ4本です。ブランドもさまざまですが、八分丈、ウール混のしなやかな素材、センタープレス入りで、サイドとバックのポケットがあるのは共通。思い切って11号を選ぶようになったら、よりきれいなシルエットで着られるようになりました。

きれいなデニム。そんな感覚の1本
まとめ買いしたパンツ。冬の服に映えるスカイブルーは、デニムのような気持ちで、そしてきれいにはける。
パンツ/ジェイ クルー

大活躍した大好きなキャメル
トップで取り入れることの多かった大好きな色をボトムに採用したら、新しいバランス。3色を色違いで購入。
パンツ/ユナイテッドアローズ

トラッドな風情がお気に入り
「母が着ていたような」ブリティッシュチェックも、色がシックだから、トップとも合わせやすい。
パンツ/ユナイテッドアローズ

偶然出会ったグレーのクロップド
ふらりと立ち寄ったショップで試着し、驚くほど美しいラインを作ってくれた1本。「きちんとした」場所にも。
パンツ/アナカ

p18の着こなし分解！
コーディネートプロセスはこうなっている！

Start!

まずはパンツ。土台を決める

スタイリングの成否を決めるのはボトム。身体に合ったシンプルなもので、おしゃれのベースをつくる。この日はトラッドなチェック。

パンツ／ユナイテッドアローズ

シックなバングルで手元は「守る」

顔周りにネックレスで艶をトッピングしたから、手元は「静かに」まとめたほうがバランスがいい。色も艶もマットなバングルを。

バングル／テア グラント

Check!

手首を見せるとバランス◎

冬の着こなしで手首の肌は重要。ここを見せるか、どのくらい見せるか？ 計算して袖をまくりたい。ニットだから、完全に見えるくらいがちょうどいい。

チェックが際立つグレーをチョイス

チェックの印象を強調したいから、「無口な」グレーのカシミヤニットに。ネイビーだと重いし、白だと浮いてしまう。だから、グレー。

ニット／ドゥロワー

Check!

好きなのは、大きなものを三つ

ニットは質感が柔らかで、表情があるから、「埋もれないよう」、大きなアクセサリーを数少なくが正解。胸元、両手首……と、アクセントを三角形に配置。

光はパールで足す

ストイックな色でまとめた全身に、明るさを足したいからバロックパールを。この存在感があれば、ほかのアクセサリーはマットな素材でもOK。

ネックレス／母から譲り受けたもの

DOOR 01　　　Okusa's Basic Item 2　　　Cropped Pants

Goal!

アクセサリーは
大きめに──

バングル、ネックレスと「大振り」なものでまとめているから、時計もそのボリュームに合わせて。遊びでコードブレスも重ねづけ。

時計／IWC
シルクコード／バリで買ったもの

ビッグサングラスで
マニッシュさをプラス

映画の『アニー・ホール』の主人公のような、マニッシュさが薫るトラッドスタイルを目指したいから、クラシックなビッグサングラスを最後に。

サングラス／トム フォード

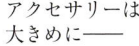

タイツか素足か。
ふたつにひとつ

ストッキングの光沢感があまり好きではないから、よっぽどボトムと靴の質感を選ばない限り、タイツか素足かどちらか。艶を足したいときは、素足で。

ワインカラーで
「色」を印象付けて

パンツに含まれるワイン色を、どこかにリフレイン。ボトムに近い靴だから、その印象は際立ってくる。バッグだと「合わせ過ぎ」な感が。

靴／セルジオ・ロッシ

女度を表すバッグ。
上質なひとつを

生活感や、その人のバックグラウンドを語ってしまうバッグは、地道なデザインで、素材やディテールは質の高いものを選びたい。

バッグ／エルメス

ほかにもこんなパンツが活躍中！

CHINO

八分丈クロップドチノは、
「はずし」として活躍中

クラシックでレディな印象の
ツイードジャケットは、こんな
ふうにとことん遊んでコー
ディネート。ヴィンテージ仕様
のミニーマウスのTシャツと、
カジュアルなチノクロップド、
ロールアップして足首を見せ
て、女性らしさも忘れずに。

コート／ウィム ガゼット
Tシャツ／レイ ビームス
パンツ／カレン ウォーカー ラナウェイ
バッグ／ダイアン フォン ファステンバーグ
靴／ジミー チュウ
ネックレス／母から譲り受けたもの
バングル／ユナイテッドアローズで買ったもの
ブレスレット／N.Y.で買ったもの

DOOR 01　　　　Okusa's Basic Item [2]　　　　Cropped Pants

「可愛い」より「格好いい」が好きな私のボトムワードローブは、ほとんどがパンツ。ほかにも、こんな「お気に入り」たちを活用しています。

WIDE

フラットではけるワイドデニムは手放せない

少し太目のパンツは、合わせる靴——フラットシューズか、ハイヒールか——を決めてしまうべき。この長年愛用しているデニムはフラット専門なので、コーディネートにも迷わない。大好きなテラコッタベージュでまとめて。

ブラウス／クロエ
デニム／NFY
バッグ／ヘレン カミンスキー
靴／クリスチャン ルブタン
サングラス／SELIMA for DUSAN
バングル／エリクソンビーモン

Jacket ジャケット

元来カジュアル好きで、仕事の場面でもそれほど「きちんと感」を求められない私も、ジャケットは大好き！ そのかちっとしたフォルムと、着たときの特別な緊張感は、やっぱりほかのアイテムにはないものだから。衿のかたちや素材で、まったく違うベクトルで着こなせるのも魅力。ハンサムなテーラード、レディなノーカラー、そしてレザーのライダースは、今までも、そしてこれからも私のクローゼットの特等席にいる3タイプ。

テーラード

**細くて長い。
これが理想のシルエット**

細身の身頃で、丈は少し長目──これが、ボトムや、あとは着方のアレンジを選ばない1着。着こなしのお手本はイタリアのおじさま。

ジャケット／ストラスブルゴ

ノーカラー

**表情豊かで薄手。
ディテールはラフなもの**

ややもすると、かしこまった印象になってしまうツイード。たくさんの糸をミックスした素材、そして薄手で軽やかに着られるものがいい。

ジャケット／ドゥーズィエム クラス

レザーライダース

**コンパクトさは必須。
ディテールは必ずチェック**

素材の上質さはもちろん、着始めはきついかな? と思うくらいのサイズ感、そして意外と雄弁なファスナーなどのディテールをチェックしたい。

ジャケット／ル ヴェルソーノアール

テーラードの
着回し3パターン

3年前の冬に購入した、青山の
ショップ、ストラスブルゴのオリジ
ナルジャケット。私の肌色になじ
むテラコッタベージュの、シンプ
ルなテーラード。こんなふうに、
毎日愛用しています。

Tailored
Pattern

1

街へリサーチに。
大好きなものだけを着て

人に会う予定がない日。「自分
らしさ」と「心地良さ」が最
も大切なファクターだから、
色のトーンを統一し、身体に
なじんだ素材をピックアップ。

ジャケット/ストラスブルゴ
ニット/マイー
デニム/レッドカード
バッグ/シャネル
ストール/ノーブランド
眼鏡/ソルト
ピアス/ノーブランド
シルクコード/バリで買ったもの
リング/ノーブランド

DOOR 01 Okusa's Basic Item 3 Jacket

クラシックにまとめて
打ち合わせへ

Tailored
Pattern
2

ガンクラブチェックのスカートと、スーツの感覚でスタイリング。スカートと合わせるときは、ベルトでウエストマークして丈を調整することも。

ジャケット／ストラスブルゴ
ニット／ドゥロワー
スカート／ウィム ガゼット
バッグ／ソニア リキエル
ストール／アリシア アダムス アルパカ
ベルト／トゥモローランド
靴／タニノ・クリスチー
サングラス／トム フォード
時計／IWC
シルクコード／パリで買ったもの

Tailored
Pattern
3

カジュアルに着て、
軽いコート代わりに

ジャケットだって、衿を立てたり、袖をまくったり、ベルトでマークしたり。着方のアレンジは自在。トレンチコートのようにさっと重ねて着るのも好き。

ジャケット／ストラスブルゴ
シャツ／ラルフ ローレン
パンツ／ゴールデン グース
バッグ／クロエ
ベルト／トゥモローランド
靴／マノロ ブラニク
ピアス／ノーブランド
テニスブレスレット／マカオで買ったもの
シルクコード／パリで買ったもの

レザーライダースの着回し2パターン

「一生の相棒」レザーのジャケット。ジャケットだって、デイリーにスタイリングするのが私の流儀です。

追力あるレザーを、柄のブラウスで柔らかく

レザーは、本来ハードでワイルドな素材。それをそのまま着るのではなく、どこかに艶っぽいアイテムを投入して。

Leather Rider's Pattern 2

ジャケット／ル ヴェルソーノアール
ブラウス／ノーブランド
タンクトップ／クラブ・モナコ
パンツ／レッドカード
バッグ／ジバンシィ
靴／タニノ・クリスチー

Leather Rider's Pattern 1

レザー×シルク。素材でメリハリを

華やかな色や個性的なデザインで、おしゃれの緩急をつけるより、素材合わせでメリハリをつけるのが好き。

ジャケット／ル ヴェルソーノアール
ワンピース／フォルテ フォルテ
バッグ／ソニア リキエル
靴／コンバース
ピアス／ノーブランド
テニスブレスレット／マカオで買ったもの
シルクコード／パリで買ったもの

ライダースの中はこう！

DOOR 01　　　Okusa's Basic Item ③　　　Jacket

ノーカラージャケットの着回し2パターン

華やかな糸使いがお気に入りのツイードジャケット。驚くほど、私の「普段着」に溶け込んでくれる！

No collar Jacket Pattern 1

明るいツイードで全身を明るく

ミックスツイードの色を、ほかのアイテムにも反映させて、いつもより全身の色みをトーンアップ。違う素材を組み合わせて、立体感を。

ジャケット／ドゥーズィエム クラス
ニット／マイー
パンツ／ノーブランド
バッグ／ラフェ ニューヨーク
靴／マノロ ブラニク
ピアス／スタージュエリー
テニスブレスレット／マカオで買ったもの
シルクコード／パリで買ったもの

No collar Jacket Pattern 2

ツイードだから、ここまで「くずせる」

ニット素材のオールインワン。ややもすると「家着」のように見えてしまうアイテムを、ツイードのジャケットでランクアップして。

ジャケット／ドゥーズィエム クラス
ロンパース／マカフィー
バッグ／シャネル
ベルト／トゥモローランド
靴／セルジオ・ロッシ
黒のブレスレット／ロウ ラヴ
テニスブレスレット／マカオで買ったもの
シルクコード／パリで買ったもの

Knit ニット

35歳を越えて、驚くほどニットが似合っていることに気が付いた。もちろん、その嬉しいニュースと引き換えに、諦めるものも数多くあったのだけれど。なめらかでしっとりとした、そして柔らかなニット——女性の肌の質感にとても近いものだけに、デザインはもちろん、素材にはとことんこだわりたい。カシミヤか、コットン。それも、ハイゲージ。マイー、ドゥロワー、そしてジョン スメドレーは、たくさんのニットを着た結果の、大好きな3ブランド。

グレーの スキンニット

オールマイティの、 杢グレーの薄手

ベージュを含んだ明るいグレー、コンパクトなのに身体のラインを拾わない絶妙なデザイン。どんな着こなしにも驚くほど合ってくれる。

ニット／マイー

DOOR 01　　Okusa's Basic Item 4　　Knit

ベージュの
タートルニット

**唯一着られる
タートルがこれ**

大好きだったタートルネックがある日似合わなくなり、それをとても寂しく思っていたのだけれど、この太リブのカシミヤ100%ならOK。

ニット／ドゥロワー

ツインニット

**着心地No.1
ツインでそろえれば無敵！**

こんなに目が細かく、さらりとさわやかな着心地のツインニットは、ほかにはない。ツインでそろえれば、着回しの可能性は無限大。

半袖ニット、カーディガン／ジョン スメドレー

グレーのスキンニットの
着回し3パターン

合わせる色も、着ていくシーンも、そしてコーディネートの方向性も選ばない、こんな万能ニットには出会ったことがありません。ゲージが細かい、カシミヤ100%の柔らかな着心地は、私をとても幸せにしてくれます。

Gray
Skin Knit
Pattern

1

打ち合わせには、
グレーの上半身で

例えば編集者との打ち合わせ。パールやスカーフ——グレーのグラデーションで出かけます。顔映りが優しいのもお気に入り。

ニット／マイー
パンツ／ユナイテッドアローズ
スカーフ／エルメス
バッグ／エルメス
時計／ジャガー・ルクルト
ネックレス／母から譲り受けたもの
テニスブレスレット／マカオで買ったもの
シルクコード／パリで買ったもの
リング／ノーブランド

Okusa's Basic Item ④　Knit

Gray
Skin Knit
Pattern

2

タンクトップとレイヤードして

丈もコンパクトなので、デニムやチノパンツと合わせるときは、アンダーにタンクトップを1枚。薄手のリブなら、ラインが響かない。

ニット／マイー
パンツ／レッドカード
タンクトップ／バナーバレット
バッグ／ユナイテッドアローズ
靴／キートン
ピアス／スタージュエリー
ネックレス（短）／韓国で買ったもの
ネックレス（長）／ヘッドに自分でシルクコードをとおしたもの
ブレスレット／ロウ ラヴ

Gray
Skin Knit
Pattern

3

どんな色も受け止めてくれる

レンガ色のスカート。一瞬、何色と合わせていいかわからない色も、この1枚があれば安心。どんな色とも仲良くなってくれる。

ニット／マイー
スカート／ダイアン フォン ファステンバーグ
バッグ／フェンディ
靴／クリスチャン ルブタン
ネックレス／パリで買ったもの
時計／IWC
ピアス／ノーブランド
シルクコード／パリで買ったもの

ベージュのタートルニットの着回し2パターン

肌を明るく見せてくれる、少しピンクがかったベージュのタートルは、女性らしさを出したいときに。

柔らかな色で
女性らしく着こなす

難しいベージュ同士の組み合わせは、同じ色味で統一するとうまくいく。バッグや靴は濃色をチョイスして、スタイリングの輪郭を引き締めて。

Beige Turtle Neck Pattern 2

ニット／ドゥロワー
パンツ／ユナイテッドアローズ
バッグ／シャネル
靴／セルジオ・ロッシ
サングラス／トム フォード
ネックレス／MIZUKI
黒のブレスレット／ロウ ラヴ
テニスブレスレット／マカオで買ったもの
シルクコード／パリで買ったもの

Beige Turtle Neck Pattern 1

「昔の母」がイメージ。
クラシックに

ガンクラブチェックのスカートとスタイリング。袖をまくらず、肌の露出を少なくすると、全身のクラシックな印象はより強まる。

ニット／ドゥロワー
スカート／ウィム ガゼット
バッグ／コーチ
靴／タニノ・クリスチー
時計／IWC
ネックレス／パリで買ったもの
テニスブレスレット／マカオで買ったもの
シルクコード／パリで買ったもの

DOOR 01　　　Okusa's Basic Item 4　　　Knit

ツインニットの着回し2パターン

ネイビーのコットンのツインは、トラッドにスタイリングしたいとき登場します。

あしらい次第で、着方は自在

長袖のカーディガンとのセットアップだから、着方に工夫ができて楽しい。肩にかけて結び目をサイドにずらすだけで表情豊かになる。

Twin Knit Pattern

2

半袖ニット、カーディガン／ジョン スメドレー
パンツ／アナカ
バッグ／ルイ・ヴィトン
時計／ジャガー・ルクルト
眼鏡／ソルト
ピアス／スタージュエリー
ネックレス／ハム
シルクコード／バリで買ったもの

Twin Knit Pattern

1

濃淡つけたネイビーの全身がお気に入り

デニム、バッグ、ニットと浅いインディゴからネイビーの、ブルーグラデーションも好き。ワイン色の靴とパールで、艶もプラス。

半袖ニット、カーディガン／ジョン スメドレー
デニム／レッドカード
バッグ／フェンディ
靴／セルジオ・ロッシ
眼鏡／ソルト
ネックレス／母から譲り受けたもの

＼ほかにこんなアレンジも！／

ボタンをひとつ留めて、サイドにくるり。

ボタンを見せるように畳むと後ろ姿も美人。

Trench Coat トレンチコート

「もし1着だけコートを選ぶなら」と聞かれたら、私は迷わずトレンチコートを選ぶ。なぜなら、カジュアルにも着られて、オフィシャルな場面にも、そして夜のシーンまで、とにかくあらゆる場面、そしてコーディネートを支えてくれるから。ただし、もちろんその汎用性は、とことんベーシックで基本に忠実なデザインだからこそ生まれる——そのことは覚えておきたい。

DOOR 01　　　Okusa's Basic Item 5　　　Trench Coat

このトレンチなら
3シーズンが無限に
着回しできる！

さまざまな素材、デザイン、ブランドを経験して、今のお気に入りはアクアスキュータム。バーバリーと並び、トレンチの原型をつくったブランドのひとつといわれています。ガンパッチに肩章、そして雨をはじくギャバジン素材など。確かにオリジナルに近い1枚は、どんな予定にも自信をもって着られます。

| DAY

正統のトラッドをそろえた、
永遠のスタイルで
娘の学校へ──

自由な校風で個性を重んじる長女の学校へは、こんなスタイリングで出かけることが多い。ラフなだけに、小物で「守って」。

コート／アクアスキュータム
ニット／バナナ・リパブリック
デニム／シチズンズ オブ ヒューマニティ
バッグ／セリーヌ
靴／タニノ・クリスチー
サングラス／トム フォード
ピアス／ノーブランド

2 DAY

グレー×ベージュで、
広尾のテネリータまで。
友人の出産祝いを探しに

ニットのオールインワンのパンツの裾を、膝までぐっと上げて、肌の分量を多めに。ストイックなトレンチが女っぽく。

ロンパース／マカフィー
バッグ／ソニア リキエル
スカーフ／エルメス
靴／ジミー チュウ

3 DAY

ブルーとレンガ色。
正反対の色合わせを、
トレンチベージュでつないで

寒色と暖色。性質が正反対の色合わせを、カーキ、ピンク味、イエロー……すべてを含んだトレンチベージュがつないで。

ニット／ドゥロワー
デニム／レッドカード
バッグ／セリーヌ
スカーフ／グッチ
靴／ノーブランド
手袋／セルモネータ グローブス

4 DAY

今日は1日リースだから、
パーカを着て
コンフォタブルに

衿元のあしらいで、また表情が変わる。小さくて、首の後ろにちょうど収まるパーカのフードを出せば、コートの横顔も可愛い。

パーカ／サイ
デニム／レッドカード
バッグ／エルメス
靴／ノーブランド

5 DAY

季節の変わり目には
こんなふうに
レイヤードスタイルで

ダンガリーシャツに、ニットのベストを重ねて。程よい身頃感のトレンチだから、重ね着スタイルも楽しめる。

シャツ、ベスト／ラルフ ローレン
パンツ／ノーブランド
バッグ／ティラ マーチ
靴／セルジオ・ロッシ

DOOR 01 Okusa's Basic Item 5 Trench Coat

6 DAY

珍しいスカートスタイルで、トークショーの打ち合わせ

めったにはかないスカートも、トレンチコートの丈とディテール——マニッシュな表情があるから、安心してスタイリングできる。

ニット／ドゥロワー
スカート／ダイアン フォン ファステンバーグ
バッグ／コーチ
ストール／エルメス
靴／セルジオ・ロッシ

7 DAY

季節の始まりもトレンチで

大好きな季節、夏がくる気配を感じる頃にはこんなスタイリングが多い。胸元の肌を思い切り出すことで、ぐっと季節が進む。

ニット／エム ミッソーニ
パンツ／ダイアン フォン ファステンバーグ
バッグ／トゥモローランド
靴／ジミー チュウ

8 DAY

前を開けてリラックス。こんな着方で、ロケバスで買い出しに

デコルテの肌を見せると、また違ったイメージに。さっと羽織って出かけました——そんなさりげない風情が出せるのも魅力。

パーカ／ウィム ガゼット
タンクトップ／バナーバレット
パンツ／ノーブランド
バッグ／ティラ マーチ
靴／ジミー チュウ

9 DAY

長いストールがポイント

膝下丈のコートだから、ストールを長目に垂らしてスタイリングしてもバランスがいい。

カットソー／クラブ・モナコ
パンツ／J.W.ブライン
バッグ／ジバンシィ
ストール／アルテア
靴／ジャンヴィト・ロッシ

10 DAY

やっぱり好きなのは、
'70年代の映画。
レトロクラシックにまとめて

出かける前の日課になっている、玄関での自分撮り。トレンチは、どの角度からも「かたちになる」ことを再確認。

パンツ／ジェイ ブランド
ストール／エルメス
バッグ／ダイアン フォン ファステンバーグ
靴／セルジオ・ロッシ

11 DAY

ウエストを
まじめに締めれば、
「ゆるパンツ」も仕事顔に

レザー巻きのバックルをきちんと見せると、やっぱりきちんとした印象に。ジャージー素材のパンツだからこそ、こんな着方。

シャツ／ラルフ ローレン
パンツ／アナカ
バッグ／セリーヌ
靴／シャネル

12 DAY

大好きなカフタンと
合わせて、
休日をHAPPYに

まったく違うテイストのものを受け止めてくれるのが、トレンチの度量の広さ。カフタンとデニムで、休日、子供たちとドライブ。

カフタン／ベルベット
デニム／レッドカード
バッグ／ユナイテッドアローズ
靴／キートン

13 DAY

ジャージードレスなら、
こんなふうに
フロントを合わせて

前をどう合わせるか、ベルトをどう締めるかで、インナーの見せ方は調整可能。胸元の開いたワンピースなら、こんな感じで。

ドレス／ダイアン フォン ファステンバーグ
バッグ／クロエ

DOOR 01　　　Okusa's Basic Item 5　　　Trench Coat

14 DAY

カタログの
コーディネートチェック。
動きやすさを重視して

縦に並んだボタンは、全身のポイントになってくれる。Tシャツとパンツ。ラフな組み合わせも、トレンチを羽織ればサマになる。

カーディガン／ジョン スメドレー
Tシャツ／プチバトー
パンツ／ノティファイ
バッグ／ビームス
靴／マレット

15 DAY

撥水機能のついた
素材だから、
もちろん雪の日だって！

季節外れの大雪(>＜)ダウンコートを引っ張り出すのも億劫だから、トレンチで対応。本来英国軍の雨具だからこその安心感。

ボーダーカットソー／セントジェームス
パンツ／NFY
バッグ／ユージュ
靴／コンバース
傘／ドレステリア

16 DAY

少しモードな
風味も
トレンチなら！

ジャージー素材のゆったりとしたパンツと、個性的な靴と。私のとっては少しエッジィなスタイルも、トレンチを羽織るだけで安心できる。

Tシャツ／ジェームス パース
タンクトップ／クラブ・モナコ
パンツ／ヘルムート ラング
バッグ／ソニア リキエル
靴／エストネーション

17 DAY

撮影には、
デニムとニット、
トートバッグがいい

服を直しにダッシュしたり、しゃがんだり……撮影の日は「靴ありき」。フラットシューズも、ウエストをマークすればバランス◎。

タートルネックニット／ストラスブルゴ
パンツ／ノティファイ
バッグ／ユージュ
靴／マレット

One-piece ワンピース

自他共に認めるパンツ派の私。ワンピースには実は敬意を払っていて(笑)、こんなに女性の身体をきれいに見せ、そして特別なオーラを出してくれるアイテムはないと——。素材や色はもちろん、ウエストの絞りの位置や首元のカッティング。袖の長さやスカート丈。選びに選んで、少しずつ財産のように、ワードローブに残ってくれるのも嬉しい。そう、ワンピースは、時代が変わっても長く着られるアイテムNo.1。今年活躍中なのは、この2着。

(左から)

「欲しい1枚」を叶える、理想のワンピース
さらりと着られてコーディネート要らず。真夏も楽しめる麻素材で、リラックスしていてきちんともして見える、そんな1枚。

ワンピース／ウィム ガゼット

きっとこの先10年着たい、ミニマルブラック
食べ過ぎるとウエストが苦しくなるほど。お腹周りに補整のボーンが入っているからこそ、シンプルに美しく着られる。

ワンピース／ドルチェ&ガッバーナ

DOOR 01   Okusa's Basic Item [6]   One-piece

麻でシンプルだから、違うベクトルで着こなせる

ウエストマークと
ヒールの靴で、ドレスアップ

一見素朴な印象の麻のワンピースも、ウエスト位置を少し上でマークすれば、ぐっとグラマラスに。ブラウンの小物とターコイズで、こなれた迫力をプラス。

ワンピース／ウィム ガゼット
バッグ／クロエ
靴／セルジオ・ロッシ
サングラス／オリバーピープルズ
ターコイズネックレス／共にノーブランド

DOOR 01　　Okusa's Basic Item 6　　One-piece

着回しがきかない——そう思われがちなワンピースも、ベーシックなデザイン、シーンを選ばない素材を選べば、日常に活躍してくれます。こんなしなやかな麻なら、昼間だけでなく、カジュアルディナーにも対応。

レンガ色の小物で、リラックスした旅スタイルを

少し赤みの強いベージュを、大き目に効かせて。砂浜を思わせる、グレーベージュだから、こんな個性の強い色を加えても、上品にまとまる。

ワンピース／ウィム ガゼット
バッグ／ジャマン ピュエッシュ
ストール／ノーブランド
サンダル／カスタニエール
ネックレス／パリで買ったもの

無駄のないデザインこそ、イメージを明確に

モノクロ映画の女優のように、グラマーに着たい

モノトーンのクラッチと、ビッグサングラス。美しいフォルムの靴。こんな着こなしは、例えば夫とのディナーのために。控え目な艶のある、好きなスタイル。

ワンピース／ドルチェ＆ガッバーナ
バッグ／ラロネ
靴／ジミー チュウ
サングラス／ディータ

DOOR 01　　Okusa's Basic Item 6　　One-piece

ディテールをそぎ落としたワンピースこそ、着こなしのベクトルをはっきりさせたい。N.Y.のアップタウンに住むマダム風なのか、イタリア映画の女優風なのか。それを考えれば、選ぶ小物も決まってくるから——。

仕事の後にも予定がある。そんな日のスタイル

1日打ち合わせやリースなどをこなし、家に帰る時間がないまま女友達の誕生会へ。そんな日は、パールやカーディガン使いでちょっぴりレディにまとめて。

ワンピース／ドルチェ＆ガッバーナ
カーディガン／ジョン スメドレー
バッグ／ダイアン フォン ファステンバーグ
靴／マノロ ブラニク
ネックレス／母から譲り受けたもの

Denim デニム

トップ／ロンハーマン
タンクトップ／バナーバレット
パンツ／シチズンズ オブ ヒューマニティ
バッグ／ソニア リキエル
靴／ビオンダ・カスターナ
時計／ジャガー・ルクルト
帽子／クリスティーズ
ネックレス（長）／ヘッドを自分でセレクトしたもの
ネックレス（短）／ハム
テニスブレスレット／マカオで買ったもの
ブレスレット／バリで買ったもの

DOOR 01　　　Okusa's Basic Item 7　　　Denim

私にとってデニムとは。無条件で信頼できる制服のようなものであり、あともうひとつ。実は、モードやスピード感を表すものだったりする。さすがに初対面のクライアントと会うときにはくことはないけれど、スタイリストという仕事柄、たいていのシーンで許容されて、デニムは週3回は登場するアイテム。そう、まるで制服のように——。そして、流行の色やかたちに興味のない私が、ほんのひと匙のそれを、着こなしに効かせるときに頼っているのもデニム。シルエットや旬のブランドを吟味するのはもちろん、日々進化を続けるその加工の技術やディテールで、「旬の気分」を表現する。裏を返せば、そのくらいデニムは毎日変化を続けていて、5年前のものをはくと、確実に「5年前の人」になってしまう。何だろう……。安心感と緊張——両方を備えたアイテム、それが私にとってのデニム。

自信をもってはける選りすぐりの2本はこれ!

バギー

**'70年代のニュアンスが好き！
淡いインディゴのバギー**

ヒップをコンパクトに見せてくれる、適度なローウエストで、太モモ部分のワタリに少しゆとりがある。ベストなシルエット。

パンツ／シチズンズ オブ ヒューマニティ

DOOR 01   Okusa's Basic Item 7   Denim

ヒップが大きく、太モモが張っている体型を考えると、スキニーやストレートは正直難しい。けれど、こんな2本なら、自信をもってはける！　もし、デニムは2本に限定、と言われたら、迷わずこれらを選びます。

ボーイフレンド

**最近デビューした白デニム。
すっきりと見えることに驚き**

きっと多くの人が思うように、「太って見えるのでは」と挑戦できなかったホワイトデニム。このラインなら、すっきり見える。

パンツ／シチズンズ オブ ヒューマニティ

細かい部分にこだわってこそ！
大草流デニム・ルール公開！

裾は小さく3回——がバランスがいい
3回小さく、そして無造作にまくって、幅2cmくらいの折りしろが表にくるように。それができないなら、丈をカットするべき。

合わせる靴を選ばない、細いボーイフレンド
細身なので、ブーツインにしても大丈夫。膝までのストッキングにデニムの裾を入れてからブーツをはくと、もたつかない。

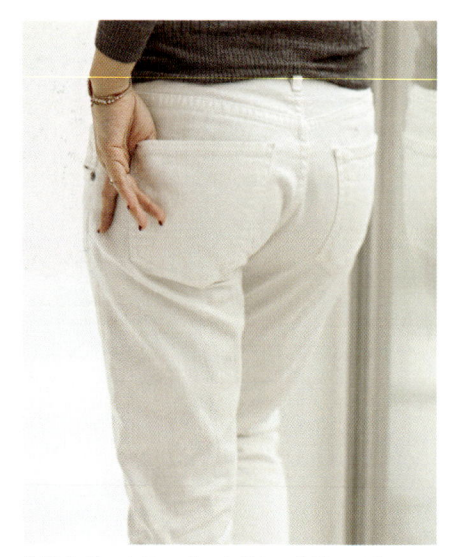

女性のデニムに、バックポケットはマスト
バックポケット、そしてV字の切り替えが、小さく上がったヒップを叶えてくれる。ここを見せると、後ろ姿はすっきりする。

ウエストは少しゆとりがあるほうがきれい
ジャストサイズではいてしまうと、ウエストの贅肉がのってしまう…。手の平がすっと入るくらいのゆとりが必要。

DOOR 01　　　Okusa's Basic Item 7　　　Denim

バギーの裾は、床すれすれが正しい丈
バギーは、はく靴のヒールの高さを限定するべき。11cmならその丈に、13cmでも同じ。はいたときに床上1cmくらいが◎。

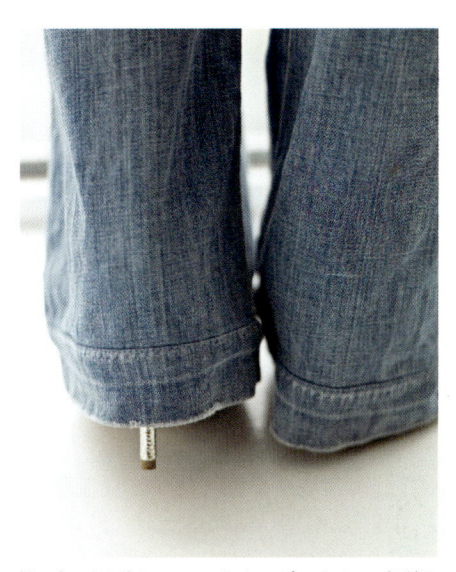

裾の加工は残して——とオーダーするのが正解
裾をそのままカットすると、シルエットも変わってしまうし、しかも裾のダメージ加工などが切れてしまうので要注意。

ベルトは細いほうが断然今っぽい
ラフなラインが好きだから、ほとんどベルトをすることはないけれど、もしするなら、細いタイプ。端は無造作に折り込んで。

バギーのサイズは、ヒップで測る
バギーを格好よくはきたいなら、ヒップはジャストサイズがいい。そして、ここを隠さないスタイリングをしたい。

どんなシーンでもフィットするのがデニムの魅力!

p50-51で紹介した2本。最近ではパーティやディナーにもはいていくことが——。そう、デニムのよさは、お出かけ用のブラウスやジャケットも自分らしくしてくれるところ。そして、実はシーズンレスだから、活躍する時期が長いのです。

ショップでリース

白デニムにテラコッタ。大好きな色合わせで
←どうしても好きで着てしまう、ベージュやグレーのニュートラルな色。そこに白デニムを足すだけで、うんと全身が明るくなる。
アウター／ウィム ガゼット
トップ／ジェームス パース
バッグ／クロエ
靴／キートン

打ち合わせ

夏の打ち合わせの定番スタイル
←レギュラーでやっている雑誌の、次号のテーマを編集者と打ち合わせ。待ちに待った夏がくると、こんな色、素材の組み合わせが多い。
トップ／ジバンシィ
バッグ／フリーマーケットで購入
靴／カスタニエール

娘の学校へ

学校行事のときはトップの色で調整
↑自由で楽しい娘の学校へ行くときは、色はネイビーやグレー、コーディネートはこんな感じ。甘目のアイテムも、デニムが受け止めてくれる。
チュニック／イエナ
バッグ／ノーブランド
靴／マノロ ブラニク

1日リース

カフタンとバギーで、1日リースに
→ちょっぴり'70年代の表情が、バギーの魅力。30分刻みでアポイントが入っている日は、動きやすくて自分らしいこんなスタイルで。
カフタン／チャオパニック

撮影

大好きな撮影!肌に心地良い素材で
→雑誌の撮影に立ち会うときは、こんな感じ。動きやすくて、汚れても洗えるのが条件(笑)。靴をピンクにして、少し甘さをプラスして。
シャツ／ヴィズヴィム
Tシャツ／レイ ビームス
バッグ／フェンディ
靴／ミュウミュウ

DOOR 01　　　　　Okusa's Basic Item　7　　　　　Denim

1日リースをした後、イベントへ

←1日中リースをして、その後家に帰る時間がないときは、そのままイベントへ。トップは替えますが、デニムはそのまま。

トップ／ソレイアード
バッグ／イヴ・サンローラン

イベント

朝の番組のロケ。あいにくの雨……

→今日はテレビの収録。どこから映されるかわからないので、360°自信のもてるスタイルで。そんな日も、やっぱりお気に入りのデニムで。

アウター／ウィム ガゼット
バッグ／シャネル
ストール／アリシア アダムス アルパカ
靴／タニノ・クリスチー

脱ぐとカジュアル ——を心掛けて

→撮影前、ページの内容に合ったスタイリングを組みに。作業中ジャケットを脱ぐと、完全カジュアルなので行き帰りはジャケットをプラス。

ジャケット／アパルトモン ドゥーズィエム クラス
バッグ／シャネル

ショッピング

1週間キープした、美しい靴を買いに

←仕事と仕事の合間に、欲しかった靴を買いに伊勢丹へ。読者の方からよく声を掛けて頂くこのスポットへは、着る服も気を抜けない(笑)。

コート／ウィム ガゼット
ニット／マイー
バッグ／トッズ
靴／チェンバー

テレビ収録

コーディネート

ランチ

仲の良い友人とランチ。リッチ感を大切に

←ウォーミーな素材を重ねた冬の終わりのスタイリングにも、白デニムは大活躍。裾をインにした黒のブーツで、全身の印象を引き締めて。

レザーコート／フェンディ
ストール／アリシア アダムス アルパカ
靴／タニノ・クリスチー

家族旅行

杢グレーのニットで、モノトーンを明るく

→白のデニム、グレーの靴。そして黒のバッグを合わせていた、このスタイル。モノトーンのメリハリが、ニットで柔らかく。

ニット／マイー
靴／チェンバー

ロケの下見

スパイシーな小物で、迫力をトッピング

どこでどんな写真を撮影するのか、本番前に下見をすることも。今日の予定は珍しくそれだけなので、小さなクラッチバッグをお供に。

トップ／グレース コンチネンタル
タンクトップ／バナーバレット
バッグ／ラフェニューヨーク
靴／ジバンシィ

055

Stole & Scarf

ストール&スカーフ

私のコーディネートに、ストールやスカーフなどの「巻きもの」は欠かせない。プライベートでも、仕事でも。色をプラスしたり、あとは「暖かさ」を加えたり、もちろん、スタイリングに奥行きを出す意味でも。けれど、一番の理由は、実は顔周りを明るく、優しく、柔らかくするためだったりする。だから、最も吟味すべきは素材。合わせる服のプライスを抑えたって、顔の最も近い場所にある「素材」には、投資すべきだと思っている。

カシミヤシルクの 大判ストール

大きく、小さく。
「使い方」は自在

お値段も張るので、1年くらい迷って購入した、エルメスの1枚。上品な光沢がある素材感が、表情を華やかに見せてくれる。

スカーフ/エルメス

シルクジャージの スカーフ

色と素材に夢中。
小さく首元に巻いて

今までのシルクツイルとはまったく違う、艶を抑えた、しなやかな1枚。結び目がするりとほどけるほど柔らかい。

スカーフ/エルメス

アルパカの大判ストール

コート1枚分の暖かさ。新しい、私の定番

カシミヤの軽やかな暖かさとはまた違う、じんわりくる保温効果には驚くほど。ナチュラルな色味もベビーアルパカならでは。

ストール／アリシア アダムス アルパカ

ファリエロサルティのカシミヤストール

幸せになる素材感。秋〜春まで活躍！

もともと生地メーカーであるファリエロサルティだけに、極上の肌触り。空気を含むようにふんわり巻くと、本当に暖かい。

ストール／ファリエロ サルティ

HOW TO WIND

ストール&スカーフで顔周りが変わる！
巻き方講座

ブログや実際お会いした方からも、意外と質問が多いのがストールやスカーフの巻き方。実は、全部簡単なんです！ 巻くプロセス、そして巻き方以前に、大切な最初のステップ、「畳み方」もご紹介します。

大判ストールの巻き方

**ふんわり柔らかく。
自分を大きく包むように**

軽めのコートくらいの暖かさはあるアルパカの大判ストールに、こんなふうに包まれたら、冬の寒さもそれほどイヤでなくなる(笑)。

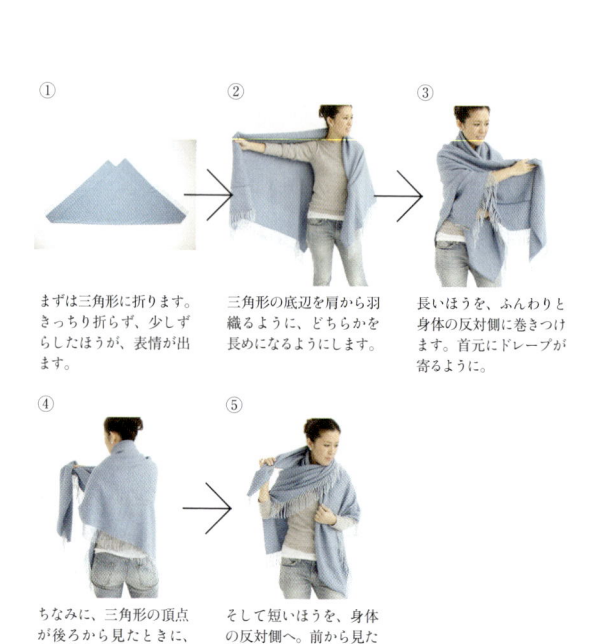

① まずは三角形に折ります。きっちり折らず、少しずらしたほうが、表情が出ます。

② 三角形の底辺を肩から羽織るように、どちらかを長めになるようにします。

③ 長いほうを、ふんわりと身体の反対側に巻きつけます。首元にドレープが寄るように。

④ ちなみに、三角形の頂点が後ろから見たときに、中心からずれていたほうがこなれて見えます。

⑤ そして短いほうを、身体の反対側へ。前から見たときに、どちらか片方が長いほうが自然です。

DOOR 01　　　Okusa's Basic Item 8　　　Stole & Scarf

カシミヤストールの巻き方2パターン

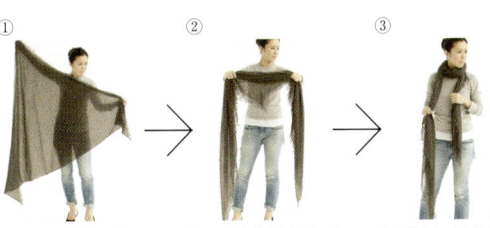

①
理想の素材感は、向こうが透けるくらいの薄さ。まずは両端を、両手を広げてもちます。

②
きれいに折り畳まず、ぽんぽんとたくす感じ。空気を含み、蛇腹になるように細くします。

③
首の周りにひと巻きします。タイト過ぎず、ちょうど小指くらいの隙間ができるように……。

④ 
長く垂らしていたほうを、首の周りにもうひと巻き。既に巻いたストールの外側を通るように。

⑤ 
今巻いたもののひとつ内側のストールを、少し引っ張り出し、こんなふうにループをつくります。

⑥ 
ループに反対側の端を、この写真の場合自分の右から左へ通します。両端を引っ張って完成。

登場回数No.1。
命名、「ミラノ巻き」

ミラノを歩く女性がよくやっている巻き方。とても複雑そうに見えますが、実は単純。ラ・フォンタナ・マジョーレのスタッフの方から教わりました。

①
最初の畳み方は「ミラノ巻き」の①〜②と同じ。長さの長短をかなりつけて、首にひと巻きします。

②
両端が同じ長さになるくらいまで、長いほうをぐるぐる巻きます。タイト過ぎないように。

③
両端を、正面でひと結びします。結び目が、巻いたストールの一番外側にくるようにします。

④
セーラー服のスカーフを結ぶように、優しく結び目をつくります。

⑤
結び目を最後にストールの内側に隠し、しかもそれを首の後ろ側に回して、完成です！

薄いからこそできる、
ぐるぐる巻き

これ、本当に暖かいです。そして、夏の、ペアトップを着たときにもやりますが、視線を顔周りに集めてくれるので、そう、ネックレスの代わりにも。

059

カシミヤシルクの巻き方2パターン

きりりとした印象に——。
ネクタイ結び

ジャケットのインにするときや、ロングネックレスの代わりに応用している巻き方です。剣先をきれいに作っておくことが大切です。

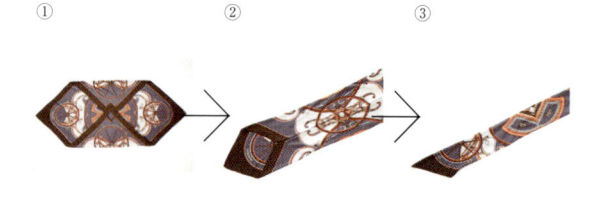

① スカーフを広げ、横長の六角形ができるように折ります。ここを丁寧にすると完成形がきれい。

② もっと横長になるように、上下をさらに折ります。かたちによっては反対側に重なるように折っても。

③ さらに折って、細長くします。柄の出方で印象が変わるので、折る方向をいろいろ試してください。

④ 折り目がくずれないように、首の周りでひと巻きします。どちらかが少し長くなるように。

⑤ この写真だと自分から見て左の端に反対側の端を、外側から1周するようループを作ります。

⑥ できたループに、そのループをつくっているほうの端を、身体の内側で上から下へ通します。

⑦ 結び目の位置を確認しながら、両端を下に引っ張って、かたちを整えたら完成です。

カウボーイのように
ふんわり巻いて……

三角形の角を、正面に垂らすことで、少しカジュアルな表情をプラスしてくれます。大判のストールでやると、着こなしのアクセントになります。

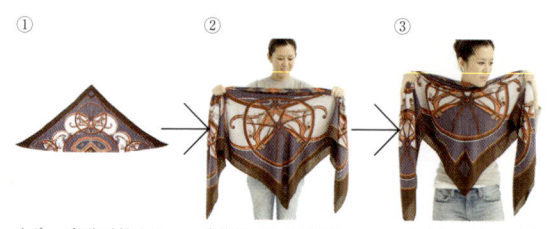

① まず、三角形に折ります。アシンメトリーな柄は、折り方で表情が変わるので、計算して。

② 身体の正面に逆三角形がくるように。底辺を2、3回蛇腹に、ふんわり折ります。

③ それをそのまま首に巻きつけます。持った両端を、首の後ろにもっていきます。

④ 首の真後ろで、ちょうど交差するように巻きます。首の高い位置でやるときれいです。

⑤ 交差した両端を正面にもってきます。長さやドレープを調整したら、できあがりです。

060

DOOR 01　　　　Okusa's Basic Item 8　　　　Stole & Scarf

シルクジャージのスカーフの巻き方2パターン

① カシミヤシルクのスカーフと同じように、横長の六角形をつくるように折ります。

② さらに横長になるように、もうひと折り。少し接点が重なるように折ってもOK。

③ そしてもう一度。シルクジャージは折り目がつかないほど柔らかなので、ラフに折ります。

④ そしてさらにもう一度。このくらいの細いなら、巻いた表情もカジュアルです。

⑤ 両端が「同じくらいの長さ」で、正面にくるように、首の周りにふた巻きします。

⑥ ひとつ結び。最初からサイドで結び目をつくるのではなく、正面でやるときれいです。

⑦ スカーフ結びをします。今回は結び目が外側にくるので、きれいなノットになるように。

⑧ できあがった結び目をサイドに回します。残った両端が短いほどカジュアルな印象に。

表情を女性らしく見せる、「CA巻き」

結び目を横にすること、そして柔らかなシルクジャージを採用することで、うんとカジュアルでラフなイメージに。ニットやTシャツなどに。

① 上記の「CA巻き」の①〜④と同じように4度折ります。

② ベルト通しにスカーフを通します。少し折り目がくずれてもOKです。

③ 正面でやると悪目立ちするので、身体のサイドで、スカーフの両端を交差させます。

④ 結んだりせず、その交差させた両方の端を、スカーフの内側に押し込むようにします。

⑤ 少しタイトに締めたほうが後で取れません。最後にかたちを整えて完成です。

トップとボトムを自然につなぐ、ベルト巻き

デニムスタイルやパンツスタイルで、ベルトをするのはあまり好きではないのですが、スカーフのベルトは別。着こなしを分断せず、つないでくれます。

Accessory アクセサリー

B. バロックパール

かなり大粒のバロックパール。日本人の肌を美しく見せる、少しピンクがかった色で、焼けた素肌に直接のせるのが好き。こちらも母から譲り受けたもの。

A. ロングネックレス

100cmのロングネックレスは、母から譲り受けたもの。ひと言で何色、と言えない玉虫色の神秘的な輝きがお気に入り。

Pearl
パール

DOOR 01 Okusa's Basic Item 9 Accessory

お手本はいつも母。
大好きなデニムスタイルにも

パールほど、控え目に、そして上品に、けれど「物言う」ジュエリーはないと思っている。その独特のフォルムや、吸い込まれそうな色や艶、もちろん、天然のものだけに、ふたつと同じものがないのも魅力。今はまだ、デニムやカーゴパンツに合わせるくらいしか思い浮かばないけれど、年齢を重ねて、シルクのドレスやツイードのジャケットなど「王道」のコーディネートができたら――そんなふうに、決して近くない未来も、リアルに想像させてくれる、無二の存在。

——→ A はこんなふうに活用！

大好きなグレーのニットを、立体的に見せたいときに。地金だと、かなり大振りでないとニットの質感に埋もれてしまいますが、パールならきれいに際立ってくれます。

P.32

——→ B はこんなふうに活用！

タートルネックには合わせません。素肌にのせたほうが、うんと若々しくてカジュアルです。正面はクルーネックの下に隠して、首の後ろから半分だけ見せる場合も。

P.35

063

A. ベーシックな レイヤード

同じくらいの太さのチェーンをレイヤード。短いほうは45cmくらい、長いほうは90cmくらいでしょうか。繊細な取り合わせなら、このくらい長短をつけたほうが格好いい。

ネックレス（スクエアの石）／韓国で買ったもの
ネックレス（一粒ダイヤ）／ハム

Necklace Layered
ネックレスレイヤード

B. インパクト レイヤード

ハート、ヘビ、そしてフクロウ（胴体部分は実は取れてしまった……）。甘さと辛さと、茶目っ気と——私がいつも大切にしているテイスト。自由な組み合わせのほうが、うんと個性的でうんとおしゃれ。

ネックレス（ハート）／ベルシオラ
ネックレス（ヘビ）／ドド
ネックレス（フクロウ）／パリで買ったもの

「私らしさ」を伝えるのは、こんな小さなディテールで

個性的な色やデザインで、自分を印象付けようとは思っていなくて。例えば、遠目からは見えない、やっと近づいて話をしたときに視線が留まる、きゃしゃなネックレスのレイヤードなど。「この人を知りたい」「理由はわからないけれど、この人らしい」そう思ってもらえたら、成功。そう、ある意味レイヤードは、自分だけのオリジナル。好きなテイストを自在に重ねていけばいいだけ。楽しくて、ノールールなジュエリーのコーディネート。動きによってヘッドが動かない、チャームとチェーンが直留めされているものが、基本的にレイヤード向き。

―→ A はこんなふうに活用！

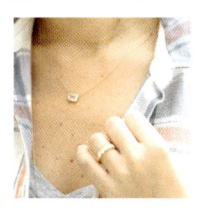

ひとつを素肌にのせて、長いほうが服から「ちら見え」。何もヘッドを絶対に出さなければいけないことはなく、その日の着こなしに合わせて、自分で調整しています。
P.54

―→ B はこんなふうに活用！

このくらいインパクトがある組み合わせなら、ニットに重ねても十分存在感があります。自分らしさをリマインドしてくれるので、シンプルな服に合わせることが多いです。
P.106

Bracelet & Bangle
手元レイヤード

基本のセット

「今の私」をストレートに伝える、基本のセットアップ。ダイヤモンドとシルクコード。両方必要で、両方「私」。

テニスブレスレット／マカオで買ったもの
シルクコード／バリで買ったもの

＋ プラス

トッピング

上記の「基本のセット」に大振りなものを自由に重ねます。素材や色を吟味するのはもちろんですが、「つけ方」も。バングルタイプは、「基本のセット」と離して、肘近くにぎゅっとするとバランスがとれます。

バングル（ビーズ）／ユナイテッドアローズで買ったもの
ブレスレット（赤）／N.Y.で買ったもの
ブレスレット（黒）／ノーブランド
バングル（緑）／エリクソンビーモン
バングル（黒×ゴールド）／ロウ ラヴ

自在に重ねた手元は、
私のアイデンティティ

髪をひとつにまとめるようになった頃から、ジュエリーのバランスが大きく変わった。顔周りのヌケ感を大切にしたいから、ほとんど毎日ピアスはパールの1粒。ネックレスはつけても、ごく細いスキンネックレスだけ。そうして、コーディネートのアクセントは手元に移ったのだ。手首は、とにかくたくさん重ねられるのがいい。胸板が薄く、肩幅の狭い私には、ミラノのマダムのように大胆でゴージャスなネックレスのレイヤードは、とても無理。けれど手首なら、ダイヤモンドだってミサンガだって、海外旅行の土産物屋で買った数珠だって、自在にレイヤードできる。いつしかここが、私らしさを絶対的に託せるパートになった。

⟶ こんなふうに活用！

IWCの大振りな時計がアイキャッチになってくれるから、重ねるのは、細めのものを。ハンサムなのに繊細。そんな複雑さが魅力です。
P.34

白ベルトの端正な時計は、それひとつでつけると、まじめ過ぎてしまう……。ミサンガふうのラフなものが、バランスを取ってくれます。
P.48-49

シンプルな着こなしに、'70年代のシックさを足したいときにはこんなタイプを。動かないように、肘近くにぎゅっときつくはめるとおしゃれ。
P.38

プラム色の時計ベルトが、スタイリングに艶と奥行きをプラスしてくれます。秋冬に登場することが多い組み合わせです。
P.39

067

Eyewear
アイウェア

メイクをさほどしない私にとって、アイウェアは、アイシャドウだったり、アイラインだったりする。「何かを隠す」という感覚ではなく、ラインの強さやグラデーションが美しいブラウンを足していく感じ。欠かせないアイテムだし、スタイリングにはとても大切。

(上から)

眼鏡

目元を強く、印象的に見せてくれるのはメガネ。目はいいので、当然伊達です……。トラッドスタイルに足すことが多い。

眼鏡／ソルト

ティアドロップ

レイバンに憧れて、何度もトライしたのですが、やはり日本人の平板な顔には難しい。これは、きちんと収まってくれる。

サングラス／オリバーピープルズ

ビッグサングラス

丸みを帯びたフォルム、細いツル、グラデーションのレンズ。これは、どんな顔の形、パーツの人にも似合うタイプ。

サングラス／トム フォード

DOOR 01　　　Okusa's Basic Item 9　　　Accessory

Impact Necklace
インパクトネックレス

夏の装いにプラスすることが多い、こんなインパクトネックレス。ターコイズなどのワイルドな石や、エキゾチックなビーズ使いが好き。リネンのブラウスや、コットンレースのワンピースなどに、強さと大胆さを加えてくれる。

(左から)
クロスネックレス

何かとレイヤードすることが多いひとつ。90cmくらいと長いので、バランスがとりやすいのがお気に入りです。

ネックレス／ノーブランド

ビーズのネックレス

チャーム部分がかなりボリュームがあるので、Tシャツなどのシンプルなスタイルではなく、サマーニットやジレなどと。

ビーズネックレス／リジー フォーチュナト ジュエルズ

4連ネックレス

旅先でのドレスアップにもつけるターコイズ。4連も、1粒1粒は小さいので合わせやすく、ブルー過ぎない色も◎。

ネックレス／ノーブランド

Pierced Earrings
ピアス

顔が面長な私は、ピアスは1粒か、大き目かどちらかのほうが似合う気がする。どちらも、きゃしゃなタイプで、しかも、「ジュエリージュエリー」していない、カジュアルな表情が、手持ちのアイテムにはしっくりくる。

(左から)

フープピアス

つけたときにアゴの先までくる、大きなフープ。細目のイエローゴールドだから、トゥーマッチにはなりません。

ピアス／スタージュエリー

アンティーク調ピアス

もう石もいくつか取れてしまうほどヘビロテしている愛用品。ヴィンテージ調の色味や細工がお気に入りです。

ピアス／ノーブランド

バロックパールのピアス

和玉ではない、少しいびつな形だから、デニムからワンピースまで、何にでも合わせます。最近は、ほとんど毎日これ。

ピアス／ノーブランド

DOOR 01　　　Okusa's Basic Item 9　　　Accessory

Watch
時計

フリーランスになってから10年経った記念に。長男が産まれた、次女が産まれた年に。時計は、やっぱり、スペシャルなきっかけで購入することが多い。幸福の時間を記憶に強く留めておけるように……。

（左から）
BEDAT&Co.の NO.7

長男のリオを出産した年に買ったのが、この時計。モダンさと優美さがミックスされたデザインに一目惚れ。

時計／BEDAT&Co.

ジャガー・ルクルトのレベルソ・デュエット・デュオ

次女の麻矢を出産後、1か月で仕事に復帰した自分へのご褒美に。圧倒的な存在感で、ジュエリーのような時計です。

時計／ジャガー・ルクルト

IWCのポルトギーゼ

フリーランスになって、がむしゃらに働いた10年。本当に大変だったけれど、この時計が、「よく頑張ったね」と言ってくれている気がして。

時計／IWC

Shoes
靴

ファストブランドのニットでも、必ず足元には上質なものを。靴は、文字通り、スタイリングを支えてくれるベース。土台は、シンプルで実直で、そして信頼できるものでないと。ここに、モード感やあくの強さは不要だと思っている。

セルジオ・ロッシの
11cmハイヒール

サイドのカーヴィなフォルムが、脚を驚くほど女性らしく見せてくれます。初のワインレッドですが、本当に合わせやすい。

マノロ ブラニクの
メリージェーン

ケイト・モスが素材違いで愛用している、甲のストラップがクラシックな1足。私の場合パンツスタイルに。

タニノ・クリスチーの
ロングブーツ

甲の部分に、乗馬ブーツ風のストラップを付けることもできますが、私はシンプルにはいています。吸いつくような、極上のはき心地は別格。

Bag
バッグ

靴が着こなしの土台なら、バッグは家でいうインテリア。そのときどきの気分や、スピード感のあるブランドを取り入れて、ほんの少しの流行というスパイスを加えて。服があくまでベーシックなので、1シーズンにひとつ——は必要な投資と思っている。

クロエの
クラッチバッグ

ざらっとしたナチュラルな麻素材に、クロエらしいプリントが施され。夏のお出かけスタイルによく活用しています。

ソニアリキエルの
スタッズバッグ

実は、商品化されなかったものを譲っていただきました。トートバッグと2個持ちしたり、シンプルなドレスに合わせたり、登場回数多数。

ジバンシィの
ワンハンドルバッグ

大好きなテラコッタで、ソフトなフォルム。そして、なんとワンハンドルのため、新しいバランスで持てるバッグです。

074

DOOR 01　　　　Okusa's Basic Item 10　　　　Shoes & Bag

はっきり言って、整理整頓は苦手です！
大草's Bagの中身

フリーランスという立場で、いろいろな媒体や企業で仕事をしているため、とにかく荷物が多い私。毎日持ち歩いているのは、こんな感じ。色を統一して、バラバラ感を少しでもまとまって見えるように努力している……（笑）。

A. バッグ／エルメス
　　夏以外の3シーズン、週に3日は持っているお気に入り。
B. ポーチ／ケイトスペード
　　実はひょう柄に目がない！　色味や素材などが気に入っているひとつ。
C. サングラス、サングラスケース／SELIMA for DUSAN
　　この曖昧なグレーブラウンに惹かれたのも購入の理由。
D. 手帳／DELFONICS
　　機能でいえば、このブランドのものが最も使いやすい！
E. 手帳　名刺ケース／エルメス
　　色をリンクさせたセット。名刺入れには次女・麻矢の歯型が残る（涙）。
F. 携帯電話、iPhone／iPhoneケースはロフトで購入したもの
　　顔が麻矢に似てない？　と長女・日南子が発見して買ったもの。
G. デジタルカメラ／キヤノン
　　親しいカメラマンからのプレゼントだけあって、画質が超きれい。
H. 紺色のシュシュ／ナルミヤ・インターナショナル
　　リボンのバレッタ／ビームスで購入
I. 携帯充電器
　　携帯は私にとってオフィスの電話だから、充電を切らさないよう。
J. ポーチ（白）／ウィム ガゼット
　　展示会に行ったときのお土産でいただきました♥　ヘビロテ中。
K. ポーチ（茶）／ウィム ガゼット
　　こちらはJの色違い。確かお店のキャンペーンでいただいたもの。

L. スプレー／アロマティーク
　　疲れたときやイライラしたときに、自分の周りにひと吹き。
M. 迷彩柄ポーチ／エルベシャプリエ
　　あまりファンシーなものが好きではなくて。汚れにくいのも◎。
N. ノート／LIFE
　　コラボのアイデアや打ち合わせなどで使うノートもキャメル。
O. 財布／イヴ・サンローラン
　　実はこれ、メンズのものだから使いづらい……。デザインが好きで。
P. ブックカバー／Lee、リボンバレッタ／ノーブランド
　　デニム素材の文庫本ブックカバー。撮影したショップで発見。

075

Column 01
大草的旅Style

国内旅行

両親の別荘に行くことが多い、国内旅行。カラオケ、温泉に子供たちも大満足

旅は、家族がぎゅっと近くなる時間。絶対に必要で、とても大切な時間。長男のリオが3歳までは、それこそ年に2、3回は近場も含めて海外に行っていたけれど、今は……。それぞれの学校のスケジュールや、当然予算の問題(笑)、さらに私の仕事も忙しくなり。長いお休みをとって、家族そろって出かけるのも難しいのが現状。ということで、両親のショートバカンスに私たちものってしまえ！ と、長野のセカンドハウスに出かけることが最近の楽しみ。そこでやることと言えば、テラスで朝食をとったり、近くの川まで出かけたり、静かに本を読んだり、昼寝したり。「大人の手」がたくさんあるから、何だか安心して、ゆっくりと時間を過ごせるのが魅力。夜は食事の前に、近くの町営温泉までみんなで出かけ、上がったらもちろん、大好きなビール！ 食事の後は、家にあるカラオケで盛り上がり、21時くらいには寝てしまう。ベタで楽しい国内旅行。

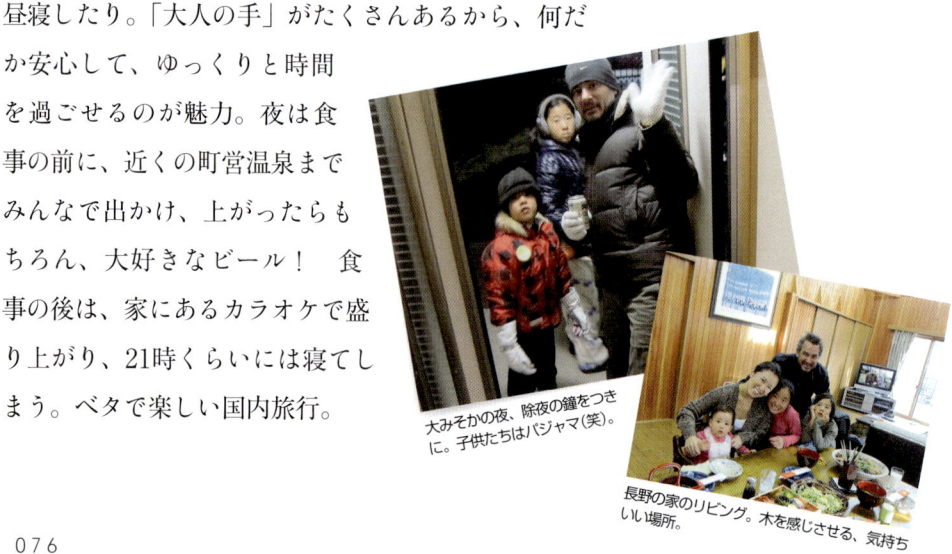

大みそかの夜、除夜の鐘をつきに。子供たちはパジャマ(笑)。

長野の家のリビング。木を感じさせる、気持ちいい場所。

OKUSA'S CLOSET DOOR

02

ワードローブ着回し

なんてことはない、シンプルな服だから、着回しには困らない。それこそ週に3回着たって、毎回違う表情でスタイリングできる。365日違う服を着たいと思わないし、パズルのように頭を使って、工夫して。組み合わせるのが、基本的には好き。

三つのカテゴリーで構成する
ストレスのないワードローブづくり

ひとつひとつのアイテムに、際立った個性や声高な主張はないけれど、組み合わせて、そして「私」というボディが入ったら、何だか素敵、印象的。そんな着こなしを目指している。だからこそ、クローゼットの隣にかかった服同士が仲良くないといけないし、もちろん、ときにはその「仲良しコンビ」を盛り立ててくれる第三者も必要だったりする。そう、おしゃれの土台となる「ベーシックアイテム」と、「つなぎアイテム」「遊びのアイテム」、その三つが必要で、どれかが欠けると、途端に着回しの可能性が狭まったり、もしくはうまく組み合わせられなかったり、コーディネート自体がつまらないイメージになったりしてしまう。それは春夏も、秋冬も同じこと。もちろん、そろえる素材感や、あとは肌の出し方の計算、素材が違うからゆえのメインカラーの違いはあるけれど、考え方は同じ。そうやって完成した、季節のワードローブがあれば、その後の組み合わせはとてもラクで、とても楽しい。だいたいのアイテムが、ほかのアイテムとも相性がよく、スタイリングはどこまでも広がっていく。それを、その日の天気や予定、もちろん気分によってどの服を起点にするかを考えれば、「着る服がない」というストレスからも無縁で、「毎日おしゃれな私」でいられるはず。

「ベーシックアイテム」

ベーシック、と言っても、何も素材やデザインがシンプルであればいい、というわけではない。自分の着こなしをいつも支えてくれる、体型にも生活背景にもフィットしたアイテムのこと。もちろん活用頻度も高いはず。

「つなぎアイテム」

ベーシックなアイテムと遊びのアイテムを「つなぎ」、現在の季節と次の季節を「つなぎ」、そして、定番カラーと効かせ色を「つなぐ」アイテムのこと。これを持っていれば、コーディネートのバリエーションがぐんと広がる。

「遊びのアイテム」

基本シンプルな服が好き……だとしても、それだけでは、その人のおしゃれはいつまでも「その他大勢」。シーズンの色や、理由もなく好きなもの、そして挑戦したいブランドなど——遊びのアイテムって、女性には絶対に必要。

WARDROBE

「ベーシック」「つなぎ」「遊び」は、こう選んで、こう着回す！
大草流ワードローブのそろえ方
完全シミュレーション［春夏編］

Spring & Summer

アメリカン・トラッドを「土台」に
その年の気分をミックスしていく
春夏のおしゃれ

私の場合、毎年、春夏スタイルの基本は、アメリカン・トラッド。リネンのシャツやコットンパンツ、白のTシャツといった「ベーシックアイテム」に、色使いやディテールで今年らしさを意識した「遊びのアイテム」をプラスして、いつものおしゃれを進化させていきます。そして、両者の橋渡し役となる「つなぎアイテム」。ベージュ＆グレーは年間を通しての定番ですが、春夏は、必ず白アイテムを「つなぎ」として取り入れるようにしています。白の「明るさ」は、やはり春夏の季節に一番よく似合い、さまざまな服を無理なく、さわやかにつないでくれます。春夏のワードローブをそろえる上で、「肌の見せ方」を計算するのも、大切なポイント。半袖のトップスだけだと全身の印象が変わらないから、ノースリーブはもちろん、私は真夏でも長袖のシャツを活用します（リネンのシャツなら、袖をぐっとたくし上げれば涼しげ）。同じように、スカートは膝丈とロングを用意。肌の見える分量を変えることで、毎日の着こなしにメリハリが生まれ、少ないワードローブでも幅と奥行きのあるスタイリングが可能になるのです。

春夏のベースに必要なのは、さわやかな清潔感
ベーシックアイテム
「つなぎ」や「遊び」のアイテムをすんなり受け止めてくれる、白・ネイビー・ブルーをベースにセレクト。

A 白のクルーネックTシャツ

着こなしにクリーンなヌケ感を与えてくれる白Tシャツは、春夏のマストアイテム。スリードッツの定番クルーネックは、コンパクトながら程よくゆとりのあるシルエットが絶妙！ 毎年買い替えています。

¥6,720／スリードッツ（スリードッツ代官山アドレス店）

B ネイビーのポロシャツ

ベーシックアイテムにも、その年の気分を上手に取り入れたい。今季、私的に気になるスポーティテイストは、ネイビーのポロシャツで表現。小さ目の衿や深いV開き、ほっそりした身ごろが大人っぽい一枚。

¥9,450／ラコステ

C サックスブルーのリネンシャツ

今までは、白orベージュを選ぶことが多かったリネンシャツ。「色」が着たい気分の今年は、きれいな発色のサックスブルーを。ボトムに④のような濃色を合わせることを想定すると、これくらい淡い色味が合わせやすい。

¥22,050／エストネーション（エストネーション）

D アイボリーのコットンパンツ

アイボリーといっても、これはかなりグレーがかった白。BやCのような「色」アイテムを受け止めるなら、ベージュではなくグレー寄りの白のほうが、きれいになじむ。ロールアップできる細身ストレートのラインも着こなしやすい。

¥29,400／インコテックス レッド（エストネーション）

E コンバースのスニーカー

永遠のベーシックともいえるこのデザイン……ずっと一緒にいられる安心感が心地良くて、愛着のあるアイテムです。ロングスカートをよくはく春夏は、スポーティでボリュームのある足元バランスをつくるのにも重宝。

¥5,565／コンバース（コンバースインフォメーションセンター）

色も素材も、なじみのいいものを厳選
つなぎアイテム
きれい目にも、カジュアルにも振れるセレクトなら
毎日のスタイリングが本当にラクになる!

a グレーパーカ

春〜夏の羽織りものとして愛用しているのが、スエット地のコンパクトパーカ。気取りのないラフなローテク感が、テイストのまったく異なるアイテム——例えばAの白Tシャツと3のスカート——も、すんなりつないでくれます。

¥14,700/ウィム ガゼット(ウィム ガゼット 青山店)

b リネンシルクのストール

カーキベージュに、ほのかにグレーを混ぜたようなニュアンスのある色味は、今回のワードローブのどのアイテムともなじみがよく、とにかく使えます。リネン×シルクのさらりとした風合いは、服と服の素材の差も埋めてくれる。

¥30,450/ファリエロ サルティ(ウィム ガゼット 青山店)

c 白レースのチュニック

チュニックブラウスは昔から大好きで、毎年買い足しているアイテム。薄手のふんわり素材なら、真夏も涼しく着られるし、レザーブルゾンを重ねれば肌寒い時期もOK。意外と活躍の期間が長いのも優秀なポイントです。

¥15,750/ハウピア(アナトリエ ミュゼ プリヴェ新丸ビル店)

d キャメルのギャザースカート

色味や丈感は、私的には「ベーシック」な位置付けになるのですが、ボリュームのあるギャザーシルエット、というのが、ちょっぴり新鮮。手持ち服を「私らしく」アップデートしてくれる、ニュートラルな存在感。

¥32,550/ミュベール(エストネーション)

e 白のフラットシューズ

春夏に、靴を一足しかもてないとしたら、私は迷わず「白」を選びます。足元に「白」がくるだけで、全身が一気に明るく&こなれて見えるから——。どんな色の服同士も衛星のようにつないでくれる役割も見逃せない。

¥45,150/チェンバー(エストネーション)

DOOR 02　　　　Wardrobe　　　　Spring & Summer

「気分」を大事に、トレンド感をトッピング
遊びのアイテム

ブレのない「ベーシック」&「つなぎ」があるからこそ、
旬のインパクトを効かせても、自分らしいスタイルに──

[1] マキシワンピース

たまにしか着ないけれど、理屈抜きに大好き。これがないと「私らしさ」が成立しない──春夏の「遊び」アイテム代表ともいえるのが、マキシワンピース。ほんのりエスニックなニュアンスとグレージュの色味がツボ。

¥25,200／マレ ディ ラテ（ウィム ガゼット 青山店）

[2] ノースリーブ
ブラウス

タック入りのふんわり広がるシルエットは、私にしては甘目な印象ですが、色味はふだん着慣れているドライなカーキブラウン、というバランスが新鮮で手に取りました。今までの全身バランスを変えてくれそうな一枚。

¥29,400／ラ・フォンタナ・マジョーレ 丸の内店

[3] ピンクの
ロングスカート

ここまでヴィヴィッドなピンクは、人生初かも……。「色」が着たい気分の今年は、こんな視点の変化も楽しみたい。後ろが長くなったイレギュラーな裾がヌケ感を演出してくれるから、大人モードに着られるのがいい。

¥23,100／ドレステリア（ドレステリア 二子玉川店）

[4] ブルーの
デニムパンツ

洗いをかけていない、クリーンな風合いのデニム素材。トレンドのカラーパンツの感覚で取り入れるのが、新しいアプローチ。「カジュアルだけど、きれいな人」──春夏の理想のイメージは、こんなアイテムがかなえてくれる。

¥18,900／レッドカード（ゲストリスト）

[5] メタリックヒールの
黒サンダル

色使いはベーシックだけど、デザイン&シルエットに今年らしいエッジが効いたスエードサンダル。足元が新しいと、全身の印象もぐっとおしゃれに見違えます。インソールがテラコッタ色だから、茶系の服にも合うのが便利。

¥106,050／セリーヌ（エストネーション）

10日間着回しコーディネート

立体的に組み立てられた大草流ワ

1 DAY
カラーonカラーの今年らしい着こなしは白小物でさわやかに

C + 4 + e

サックスブルーのシャツに、ダークブルーのデニムパンツ。今年気になるカラーonカラーの着こなしも、濃淡ブルーでまとめれば、意外と簡単。シャツが主役のきれい目カジュアルは、打ち合わせから子供の学校行事まで、シーンレスに活躍します。

バッグ／ラフェ ニューヨーク
サングラス¥28,350／
オリバーピープルズ（アイヴァン）
ネックレス／母から譲り受けたもの

2 DAY
甘目のシルエットもドライな色合わせで大人の「迫力」を加算

2 + d + 5

私の場合、こういった甘目の服を、唯一着られるのが夏なんです。日焼け肌の「辛い」存在が、大人っぽくリッチな方向に引き寄せられるから。肌とワントーンでつながる茶系の色合わせもポイントです。足元は⑤の黒サンダルで、モード感を高めて。

バッグ／ケイト・スペード
ニューヨーク
バングル¥34,650／テア グラント
（ウィム ガゼット 青山店）

DOOR 02　　　　　Wardrobe　　　　　Spring & Summer

ードローブの実力を、10日間の着回しコーディネートでお見せします！

3 DAY
大人のポロシャツは
きちんと感のある
小物で支えて

4 DAY
心地良く過ごせて
おしゃれ！な
ワンマイルスタイル

5 DAY
いつもの着こなしも
新しいボトム合わせで
きれい目に進化

B + D + e

「ポロシャツをラグジュアリーに着る」が、このスタイリングのテーマ。パンツがグレー寄りの白だから、ネイビーのポロがシックに映えるんです。ベージュのパンツだと、カジュアル過ぎる印象に……。小物で洗練されたきちんと感を後押しして。

バッグ／エルメス
サングラス¥28,350／
オリバーピープルズ（アイヴァン）
ネックレス／母から譲り受けたもの

a + 1 + E

大好きなマキシ丈ワンピースは、リゾートやドレスアップ用と決めつけず、デイリーにも積極的に楽しむのが私流。そんなときのなじませ役となるのが、aのパーカ。さらっと羽織って肌の露出を抑えれば、ご近所にちょっとおつかい、というシーンもOK。

バッグ／ユナイテッドアローズ

c + 4 + 5

チュニックブラウスには、今までは色落ちしたボーイフレンドデニムを合わせがちでしたが、4の細身パンツに替えることで、ぐっとフェミニンな印象に。レースの透け感も品よく引き立ちます。ホテルでランチ、というシーンにも対応できる着こなし。

バッグ¥40,950／カバフ
（ラ・グラン アクアガール青山）
サングラス¥29,400／
オリバーピープルズ（アイヴァン）
バングル¥34,650／テア グラント
（ウィム ガゼット 青山店）

6 DAY
日焼け肌で着こなしたい アースカラー×黒の 洗練サマースタイル

2 + D + b + 5

2のふんわりブラウスも、細身パンツを合わせると大人の印象にシフト。アースカラーに、小物で少量の「黒」を効かせるアプローチは、スパイシィな女っぽさが漂うから好き。肌もアースカラーのひとつと考えて、日焼けしてから着こなしたいですね。

バッグ／クロエ
バングル¥34,650／テア グラント
（ウィム ガゼット 青山店）

7 DAY
ピンクのスカートは 着慣れたアイテムで スポーティに仕上げて

A + a + 3 + E

新しくトライするヴィヴィッドカラーのスカート。ほかをあえてベーシック＆スポーティにまとめることで、がんばり過ぎないマイ・スタイルに落ち着きます。aのパーカは、ピンク×白のコントラスト配色をつなぐ橋渡しカラーとしても、本当に優秀！

バッグ／ユナイテッドアローズ
サングラス¥29,400／
オリバーピープルズ（アイヴァン）

DOOR 02　　　　　Wardrobe　　　　　Spring & Summer

8 DAY
ネイビー×キャメルの
クラシカル配色が
夏にこそ新鮮に映えて

B ＋ d ＋ E

知的でありながら女性らしさも——ネイビー×キャメルの色合わせは、私の十八番。秋冬に登場しがちな配色ですが、夏スタイルで表現しても素敵です。スポーティなポロ×フェミニンなスカートという遊びのあるマッチングを楽しみたい。

バッグ／ユナイテッドアローズ
ネックレス／母から譲り受けたもの

9 DAY
カーディガン代わりに
シャツを羽織って
リラックス感を演出

A ＋ C ＋ D ＋ e

休日にジムへ出かけるときは、こんなスタイリングで。白Tシャツ×コットンパンツでもカジュアル過ぎないのは、さらりと羽織ったリネンシャツのおかげ。ブルー〜白の寒色系のグラデーションも、全体をきれいな印象へ引っ張るポイントです。

バッグ¥9,975／ラコステ
サングラス¥28,350／
オリバーピープルズ（アイヴァン）

10 DAY
マキシワンピースは
自分らしい小物使いで
個性をアピール

1 ＋ b ＋ E

①のワンピースを、リゾートで着るならこんな感じ。潔く出したデコルテの肌は、ネックレスで分断したくないので、薄手のストールをぐるぐる巻いてアクセントに。ドラマティックな服にコンバース、というのも大人の「はずし」テクとして有効です。

バッグ／ラフェ ニューヨーク
ブレスレット／エストネーション

WARDROBE

「ベーシック」「つなぎ」「遊び」は、こう選んで、こう着回す！
大草流ワードローブのそろえ方
完全シミュレーション［秋冬編］

Fall & Winter

素材感をミルフィーユのように
重ねていくのが
秋冬のおしゃれの醍醐味

湿気を帯びていた空気がいつの間にかからりと乾き、季節が秋へ向かっていくにつれ、クラシカルで品行方正なおしゃれが恋しくなります。同じトラッドでも、春夏はアメリカンな解放感溢れるものだったのに対し、秋冬は、きっちりと端正に装うヨーロッパのトラッドがイメージ。

そんなふうに、ワードローブ全体の方向性がよりシンプルに向かうぶん、各アイテムの「素材感」を意識することが、この時期特に大切になってきます。目の細かいマットなウール、しっとりしたシルク、ウォーミィなコーデュロイ……異なる素材感を、ミルフィーユのように重ねていくことで、なにげないのに奥行きのあるコーディネートが実現します。そう、デザインで印象を強くするより、素材を重ねた立体感で勝負するのが、秋冬のおしゃれの楽しさ！

服を重ねる季節だからこそ、「小さく肌を出す」ことの効果も無視できません。長袖のシャツでも、手首や胸元をどう見せるか——。フルレングスのパンツはロールアップしてはくのか、足首をきれいに見せる靴とのバランスは？　……そんなことにも敏感になれたらいいなと思っています。

DOOR 02　　　　　　Wardrobe　　　　　　Fall & Winter

秋冬のベースは、端正で上質な表情のものを
ベーシックアイテム

黒、グレー、ベージュ、インディゴのスーパー定番カラーで構成。
デザインが超シンプルなぶん、素材＆仕立てのよさにこだわりたい。

A チャコールグレーのツインニット

秋冬になると毎年買い足しているツインニット。カシミアだと老けて見える危険があるので、上質なハイゲージウールが大人の正解です。ボタンの色味も重要。ニットと同色で、小さ目のものなら、着こなしのじゃまになりません。

カーディガン¥31,500 ニット¥25,200／共にジョン スメドレー（リーミルズ エージェンシー）

B バギーデニム

春夏のデニムはロールアップしてカジュアルにはくタイプが基本だけれど、秋冬ならバギーデニムで、大人っぽくシックな方向へ進化させたい。ウォッシュが激し過ぎない、濃い目のインディゴが、秋冬の着こなしになじみやすい。

ノティファイ

C 薄手ウールのワンピース

私の場合、季節によってセレクトの視点が大きく変わるのがワンピース。エスニックなデザインを「遊び」として楽しむ春夏に対して、秋冬は落ち着いたグレーのクラシカルなタイプを、デイリーにフル活用。薄手ウールが使えます。

¥24,150／スピック＆スパン ノーブル（スピック＆スパン ノーブル 六本木ヒルズ店）

D トレンチコート

インにどんなトレンドアイテムを投入しても、これを羽織ればマイ・スタイルに振り戻してくれる、究極のベーシックアイコン。素材はベージュのギャバジン、チンウォーマーや肩章といったディテールも、とことん「正統」がいい。

アクアスキュータム

E 黒のロングブーツ

私が黒ブーツに求めるのは、トレンド感よりも、毎日の着こなしを支える「背景」としての役割。王道に徹したシンプルフォルムを選びます。無駄なデザインを削ぎ落としたタニノ・クリスチーは、素材の上質さにもほれぼれ。

タニノ・クリスチー

淡いニュアンスカラーで各アイテムをそろえて
つなぎアイテム

ダークカラーの服が多くなる秋冬は、明るさと女らしさを
差し込む意味でも、色味と質感のセレクトが重要になってきます。

a パール色のシルクシャツ

肌を露出する着こなしが難しい秋冬は、パール色のシルクシャツが「肌の質感」の役割に。上品な光沢と、黄みがかったまろやかな白が、日本人の肌にしっとりとなじみます。ごくシンプルなデザインを選んで、合わせやすさを重視。

¥19,950／スピック&スパン ノーブル（スピック&スパン ノーブル 六本木ヒルズ店）

b ライトグレーのストール

春夏はカーキベージュを選んでいましたが、秋冬のつなぎストールは、黒やブラウン、チャコールとの相性を考えると、断然グレーが使えます。オフホワイトをたっぷり含んだ優しい色味は、顔周りをぱっと明るくしてくれる効果が。

¥31,500／ファリエロ サルティ（ウィム ガゼット 青山店）

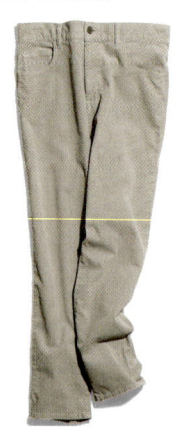

c コーデュロイの細身パンツ

秋冬ならではのウォーミィな質感を演出できるコーデュロイ。赤みを抑えたシックなグレーが、さまざまな色をつないでくれます。こういう「ニュアンスカラー」をボトムでもそろえておくと、おしゃれ度がぐっと上がるんです。

トゥモローランド

d パテントのベージュパンプス

これもまた、「肌の質感」を取り入れるためのチョイス。にごりのないヌーディなベージュ、パテントの光沢が、秋冬のダークな色と素材を明るくつなぐ橋渡しに。足元のトーンが上がると、着こなし全体の洗練度もアップします。

¥60,900／ジミー チュウ

e サンドベージュのバッグ

つなぎアイテムとしてのバッグなら、やっぱりベージュ系が私らしいセレクト。秋冬はクラシカルなエッセンスも加えたいので、かっちり目のフォルムを。カーフ×スエードのコンビ素材で、さりげない奥行きが出せるのも便利です。

セリーヌ

DOOR 02　　　　　　Wardrobe　　　　　　Fall & Winter

トラッドテイストを秋冬のスパイスに
遊びのアイテム

大人トラッドなニュアンスを共通項に、カジュアルなチェックシャツから
マニッシュな紐靴まで、幅広いセレクトで構成。

1 チェック柄のネルシャツ

ワードローブに「柄」が一枚あると、とたんに着こなしにリズムが生まれます。今年は男のこっぽいトラッドが気になるので、えんじ×ネイビーのチェックシャツを投入。ネル素材もカジュアル慣れしたおしゃれ感を表現してくれる。

（参考価格）¥31,500／
フィナモレ（アマン）

2 カシミアのニットポンチョ

これは、シルエットで「遊び」を取り入れるためのセレクト。たっぷりしたAラインが、全身バランスの変化球にぴったり。デザインはシンプルなので、大人にも取り入れやすいはず。ミルクティー色のカシミアというのもツボです。

¥14,700／ウィム ガゼット
（ウィム ガゼット 青山店）

3 シルクのチューブトップワンピース

コンサバになりがちなIラインのワンピースも、光沢のあるシルク素材でぐっと新鮮な印象に。グレーがかったモカ色も私好み。秋冬のワードローブに、薄手で光沢のあるボトムが一枚あると、着こなしにメリハリが生まれます。

¥22,050／ウィム ガゼット
（ウィム ガゼット 青山店）

4 ムートンのロングコート

カジュアルなリッチ感と迫力を演出してくれるムートン。冬ならではの「遊び」として、積極的に楽しみたい。素材自体にインパクトがあるので、デザインはシンプルなものを選びます。これはリバーシブルで使える優れもの！

¥220,500／ウィム ガゼット
（ウィム ガゼット 青山店）

5 レースアップシューズ

「男顔」の靴も、着こなしの変化球として投入。異素材コンビのレースアップシューズは、女性が取り入れるからこそ小粋なスパイスに。2のバギーや3のワンピースなど、ボリューム感のあるボトムもバランスよくまとめてくれる。

ジョージズ

091

10日間着回しコーディネート

1 DAY
グレー×ベージュの
ベーシックな色合わせは
素材感で奥行きを出して

`D` + `A` + `c` + `b` + `d`

インはグレーの濃淡、コートとパンプスはベージュ。ともすると地味になりがちな配色ですが、ギャバジン、ウール、コーデュロイ、パテント……と、異なる素材をいくつも重ねているから、軽快なメリハリが生まれます。足元はロールアップしてヌケ感を。

バッグ￥2,900／エル・エル・ビーン
（エル・エル・ビーン カスタマー
サービスセンター）
メガネ￥25,200／ソルト（アイヴァン）

2 DAY
カジュアルな着こなしも
フレアシルエットで
大人の余裕が漂って

`2` + `1` + `B` + `e` + `5`

服の組み合わせ自体はほっこりしたトラッドカジュアルですが、ポンチョとデニムが流れるようなフレアシルエットだから、大人のリッチ感も十分。チェックのシャツは、こんなふうにニットの下からちらりと見せる効かせ方も、さりげなくて好き。

ネックレス／母から譲り受けたもの

DOOR 02　　　　　　　　Wardrobe　　　　　　　　Fall & Winter

3 DAY
黒ストール&ブーツで
「辛い迫力」をプラスした
シンプルスタイル

4 DAY
マニッシュなトラッドには
足元のヌケ感で
女らしさをトッピング

5 DAY
クラシカルな
女っぷりが引き立つ
パリマダム風の着こなし

A + c + E

ベーシックなツインニットも、ストールとブーツで「黒」を多めに効かせると、格好いい方向にもアレンジ可能。このままだと、私にしてはシャープ感が強過ぎるので、眼鏡とキャンバストートで、ちょっと茶目っ気のある「はずし」を加えました。

バッグ¥2,900／エル・エル・ビーン
（エル・エル・ビーン カスタマーサービスセンター）
ストール／ジョンストンズ
ネックレス／母から譲り受けたもの
ブレスレット／ノーブランド
バングル／エルメス
柄の入ったバングル／アメリカンラグ シー
ストーン付きバングル／ティファニー

4 + 1 + A + c + d

チェックのシャツ&ムートンといった「遊びアイテム」を、さらりとなじませてくれるのが c のコーデュロイパンツ。見えている面積は少ないけれど、カーディガンのチャコール色が、全身を引き締めるポイントに。足元はロールアップ&ヒールで女らしく。

バッグ¥2,900／エル・エル・ビーン
（エル・エル・ビーン カスタマーサービスセンター）
時計（ポートフィノ・ハンドワインド・エイトデイズ）¥918,750／IWC
眼鏡¥25,200／ソルト（アイヴァン）
ネックレス／母から譲り受けたもの
グローブ¥11,550／ピカロス グローヴ
（ウィム ガゼット 青山店）

D + C + E

仕事帰りに会食の予定がある日は、こんなコーディネートで。トレンチとグレーのワンピース——おしゃれの基本ともいえる正統派アイテムの組み合わせだから、シンプルな中にも品と迫力が生まれるような気がします。パールで顔周りに艶を加えて。

バッグ／イヴ・サンローラン
ストール／ジョンストンズ
サングラス／トム フォード
ネックレス／母から譲り受けたもの

6 DAY

ロングスカート×
レースアップシューズで
新鮮なボトムバランスに

7 DAY

秋冬だからこそ
印象的に映える
淡いトーンのグラデーション

| 1 + A + 3 + e + 5 |

シャツ×カーディガンにワンピース、足元はレースアップシューズとウールのタイツ……。秋冬は、ちょっぴり「ダサ可愛い」、こんな着こなしも気になります。トラッドだけど新しい、冒険的なおしゃれは、仕事が忙しい日の気分転換にも有効。

ベルト(参考価格)￥12,600／
アンボワーズ(アマン)
眼鏡￥25,200／ソルト(アイヴァン)
赤のブレスレット／N.Y.で買ったもの
柄の入ったバングル／アメリカン ラグ シー
ストーンの付いたバングル／ティファニー
黒のバングル／エルメス
靴下／ノーブランド

| 2 + a + c + e + d |

マットな質感のニットポンチョとコーデュロイパンツ。このままでは、どこか味気ない印象の組み合わせを救ってくれるのが、[a]のシルクシャツ。まろやかな光沢が「肌の質感」を感じさせ、着こなし全体にしなやかな女らしさが加わります。

ストーンの入ったバングル／ティファニー
柄の入ったバングル／アメリカン ラグ シー
バングル(一番下)／ポール カ

8 DAY
ワンピース投入で
いつものトレンチも
新しいバランスに

`D` + `3` + `b` + `d`

トレンチの裾から覗く、IラインのワンピースI ース。今までにない全身バランスが、とても新鮮。こういう女度の高い着こなしのときは、クラッチを合わせるのが気分です。足元はもちろんヒールパンプスで、背筋を伸ばして颯爽と歩きたい！

バッグ／ボッテガ・ヴェネタ
サングラス／オリバーピープルズ
グローブ¥11,550／ピカロス グローヴ
（ウィム ガゼット 青山店）

9 DAY
黒×グレー配色で
コンサバなワンピースを
ピリッと辛口に着こなす

`C` + `E`

仕事関係のパーティへは、きちんと感と女らしさを併せもつグレーウールのワンピースで。秋冬に、「半袖」ワンピースというのも、実は重宝！ノースリーブほどだけ過ぎず、長袖よりも華やかさがあって、アウターとの重ね着もしやすいんです。

ストール／ジョンストンズ
ネックレス／母から譲り受けたもの
グローブ¥9,450／エコー
（ウィム ガゼット 青山店）

10 DAY
冬の定番カジュアルも
大人の素材合わせで
リッチ感を底上げして

`4` + `a` + `B` + `e` + `d`

ムートン×デニムは、冬の休日に心からリラックスできる私らしい組み合わせ。シルクシャツやレザーベルト、パテントの靴……ところどころに「艶」をちらして、大人のリッチカジュアルを目指しました。レオパードの手袋をアクセントに。

サングラス／オリバーピープルズ
ネックレス／母から譲り受けたもの
グローブ¥12,600／ピカロス グローヴ
（ウィム ガゼット 青山店）

> もうひとつのコーディネート案!

鉄板の組み合わせを決めておけば、毎日のおしゃれに自信がもてる

天気&予定別
コーディネートの大草的・パターンを公開!

雨の日
一日中雨降りでも、快適に過ごすための選択。ちなみにバッグも、ゴヤールなど濡れてもOKな素材を選びます。

1. Rain Boots
レインブーツ

本格的に降る日は、まずはレインブーツをベースにコーディネートを考えます。私はジバンシィの黒のラバーブーツを愛用中。

2. Dark Color Pants
ダークカラーのパンツ

ブーツインするのが前提だから、細身のシルエットのものを。色は、万が一泥ハネしても気にならないダークカラーがベスト。

一日中歩く日
リースや展示会巡りで、一日歩きっぱなし、という日も多いんです。カジュアルでも女らしさを心がけたい。

1. Pumps
フラットシューズ

歩きやすさ優先で、足元は絶対にぺたんこ! ジミーチュウのゴム底のフラットは、どんなに歩いても疲れにくいのでおすすめです。

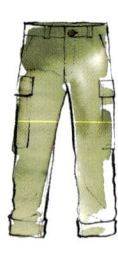

2. Roll up cargopants
カジュアルパンツ

フラットシューズと相性のいいのは、カーゴパンツやチノパン。必ずロールアップして、軽やか&女らしいバランスに仕上げます。

寒暖の差が激しい日
季節の変わり目や、屋外と室内の温度差が激しい日は、この組み合わせ。ミラノマダムたちの着こなしがヒントに。

1. Leather Jacket
レザージャケット

天然素材のレザーは、9℃〜18℃くらいの寒暖差なら、無理なく快適に対応してくれる。フォンタナのライダースがマイ定番。

2. T-shirt
Tシャツ

レザーのインは、吸湿性のいい上質コットンTを。一枚で着られる程よいコンパクトシルエットなら、プチバトーの16歳用。

DOOR 02　　　　　　　　Wardrobe　　　　　　　　Coordinate

天気や出かける場所、その日の予定次第で、コーディネートは変わるもの……。この組み合わせなら間違いない、「自分の正解パターン」を決めておくと、朝の時間が節約できるし、どんなシーンでも、自分に自信がもてるはず。ちなみに私は、朝は本当～に時間がないので、夜のうちに天気予報をチェックして、翌日のコーディネートを決めるようにしています。

レストランでディナーの日

上半身に視線が集まる日は、華のあるブラウス×ピアスの組み合わせ。光沢感をキーワードにバランスを考えます。

1. Blouse
艶感ブラウス

柔らかく光沢のある素材、胸開きがきれいで淡い色が、ダウンライトの下でも美しく映える条件。クロエで探すことが多いです。

2. Tear drop Pierced Earrings
スウィングピアス

こういうシーンでは、ネックレスよりもピアスのほうが、女っぽさを効果的にアピールできます。揺れる光で顔周りを華やかに。

全身見られる日

トークショーやイベントで壇上に上がる日は、全身バランスをいかにきれいに見せられるか、がポイント。

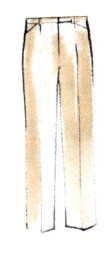

1. Center Press Pants
センタープレスのパンツ

その人のバランスを決定するのは、トップよりもボトム。ジョゼフのセンタープレスがマイベスト。欠点をすべてカバーしてくれる。

2. High Heels
きゃしゃパンプス

さらにスタイルアップして見えるよう、足元は必ず11cmヒールで。「大人の上質美脚」なら、やっぱりロッシやマノロが頼りになる。

子供の学校行事の日

面談や授業参観では、母親としての「清潔感と品」を大事にしたいから、まずパールありきのコーディネートで。

1. Pearl
パールネックレス

パールの凛とした美しさは、こういうシーンでの自信と安心感につながります。ディノスなど通販でも安くて上質なものが見つかる。

2. Knit
ニット

パールを引き立てるために、服はベーシックで上質なニットが一番。グレーやネイビーのハイゲージを選ぶことが多いです。

Column 02
大草的旅Style

N.Y.

N.Y.は、これまでもこれからも、ずっと大好きで刺激をくれる街

高校2年生のときに、留学のためにアメリカを訪れてから、私のアイデアを刺激してくれる街がN.Y.。その後、そこを経由して南米まで行くことになったし、何度か仕事でも訪れたけれど、とにかく、私に何かを連れてきてくれる街なのだ。東京にいる私は、とにかくせわしない。仕事は、やることは山積みで、そしてそれが楽しくてしょうがないから、時間が経つのがあっという間だったりする。もちろん休日は、子供たちと過ごす時間で、それはそれで、愛おしかったりするし。フルタイムの働く母で、年齢もまちまちな子供たちが3人いたりすると、そりゃあ、もう騒がしい。だからこそ、それこそ世界一ビジーだと言われるN.Y.でも、私にとっては時間がゆっくりと流れる場所。街を歩く人のファッションを眺めたり、昼からカフェでシャンパンを飲んだりできるのが、とても気に入っている。

雑誌の撮影で。被写体になる——という稀有な経験も。

OKUSA'S CLOSET DOOR

03

大草's パーソナルトピック

嬉しかった記憶や、素敵な人を見かけたワンシーン。もしくは、日常の笑いのツボや、幸福を感じる瞬間。そんなひとコマひとコマがミルフィーユのようにレイヤードして、その人と、その人のおしゃれをつくる。私の場合は、こんな感じ。

自分が最も大切にしていることが
おしゃれやメイクアップにあらわれる

人は私を「パワフルだね」と言う。はかなげだね、とか、ミステリアスだね、と言われたことはない(笑)。外国人の夫にも言われるくらいだから、本当にそうだとは思うのだけれど、自分では、その体力とか好奇心とか、それを支えてくれるたくさんの温かな人が周りにいてくれることを、とても感謝し、それこそが私の宝物だと思っている。あなたの宝物はなんだろう？
丁寧さとか緻密さかもしれないし、誰もが認める優しさだったり、もしくは初対面から誰とでも仲良くなれる笑顔かもしれない。そんなことって、あんまりおしゃれには関係ないように見えるけれど、30歳も半ばを過ぎると、その人が着る服は、そんなことまでも語ってしまうのだ。性格や、最も大切にしている

DOOR 03　　　　　　Personal topic　　　　　　Essay

　　　　人やことまでも。例えば、子供3人を毎朝順番に送り出さなければいけない私の着こなしは、アイロンがけとは無縁だし、長い1日の最後に頭痛を引き起こす、大きくて重いネックレスはできない。美容もそうで、化粧直しする時間はほとんど皆無で、自分のスキンケアに多くの時間は割けないからこそのラインアップだったりする。実用と必要に迫られて組み立てられたおしゃれやメイクアップは、人が思うほど退屈なものではないのだ。もちろん、「いつかこうなりたい」という見本も身近にあるし、今のおしゃれも、未来のおしゃれも、きっと間違いなく楽しい。

OKUSA's powerful one day
私の日常お見せします！

決してスタイリッシュではない、私の毎日。寝ぼけ眼で朝ごはんをつくって、洗濯をして掃除をして、ダッシュで末っ子を抱えて家を出る。近くに住む両親や夫のサポートで、何とかこなしているのです。

Start!

※p102～p107 写真／編集部

天気の日には何か干してある玄関
1日晴れが保証された日は、ベランダはもちろん、家の前にも何かが吊るされている。

Interior
front door

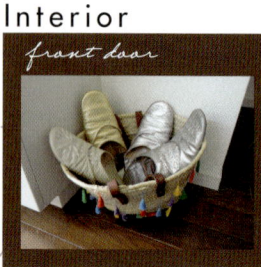

サングラスやスリッパは、「見せる」収納。すぐに取り出せることが大切。

まずは子供たちの朝食を用意
我が家は全員食いしん坊。朝食をしっかりとらないと動けないから、きちんと食べていきます。

朝食は基本和食
私が不在のときには、夫のチャーリーがつくってくれる朝食。基本はこんな感じです。

Interior

階段を上がった小さなスペースには、お気に入りのチェアを。

子供たち、朝から元気です 
朝から、パワー全開の子供たち。

リオと麻矢。仲良し時々ケンカ――のふたり。

休む暇なく洗濯
子供が3人いると、洗濯物も膨大。実家の母に干してもらうことも……。

102

DOOR 03　　　　　　　　Personal topic　　　　　　　　1day

Interior

日南子とリオが作った、陶器のミッフィー。ちょっとシュールで結構好き。

忙しくても、必ずメールチェック
夜は比較的早く寝てしまうので、朝のメールチェックは欠かさずに。

Interior

ベネズエラの品や旅の記念品など。夫の管轄。

次女の麻矢を保育園へ
7時前には、日南子とリオは学校に出かけてしまう。麻矢は9時までに保育園へ。

チャーリー作。
ベネズエラ料理

Interior

Kitchen

人もよくくるし、飲むのも大好き！ 収納しきれないワインがそこかしこに(笑)。

帰宅すると、
夫がランチの仕込みを
今日は昼過ぎまで家で原稿を書く日。たまたま休みの夫が昼食を用意。

肉と揚げたプランテイン（バナナの一種）、ブラックビーンズ。

p106へ続く

103

OKUSA's house
生活感あふれる自宅(笑)を大公開

心地良く過ごしたいとは思っているけれど、格好よく暮らしたい、とは思っていないので、あまり参考にならないかもしれないですが……。

Closet Room
愛すべき「小さいクローゼット」はこんな感じ

**ベルトは
カゴに収納**
夫と私のベルト。くるくるっと巻いてしまいます。

**バッグは
箱にしまって**
小さなバッグはメッシュの箱に。横並びに立てる感じ。

**蓋付きの箱には
レザーバッグ**
ほこりや汚れが付かないようにレザーは蓋付きの箱に。

↓ ここに収納!

**靴は
ヒールの高さ別に**
靴はすべてここに。ヒールの高さ別なら、朝、出がけに迷わない。

**今着る服は、
この小さなスペースに**
2か月分くらいの服は、小さなクローゼットに収納。かえって迷わなくて◎。

バッグの箱は、クローゼットの棚へ
ポールの上にある棚に、箱を並べて。正方形だから、収まりやすい。基本は「テイスト別」に収納しておくと便利です。

ジュエリー収納は、ボウルやトレイに
ブレスレット類は、ボウルに。縁にピアスをかけたりして。定番のセットは、トレイの上に並べて、しまいやすいように。

DOOR 03　　　　　　　Personal topic　　　　　　　1day

Living Room
大人も子供も、ここが一番好きな場所

外に見える緑の景色も、風を感じられるのも、とにかく気持ち良くて——

家にいるときは、書斎ではなく、リビングで仕事をし、子供たちもここで宿題をします。ソファでジャンプしたり、みんなで運動会のDVDを観たりして。天井が高いので、開放感があって、日当たりも最高。子供や大人も、ゲストを招くときは、ここで食事をしたり、お酒を飲んだり、ゲームをしたりします。家族にとって幸せの場所。

Bath Room
2階のバスルーム

お客様も使うから、いつもきれいに

小さな窓がある、明るいスペース。ベージュのマットやタオルなど、やっぱり好きな色合わせをここにも。黒を小さく効かせて。飾ってあるドライフラワーは、何かの記念日に夫からもらった花。贈った本人である、チャーリー作(笑)。

Bed Room
夫婦のベッドルーム

ブラウンが基調の、リラックススペース

ブラインドやサイドチェストなどはダークブラウンで。ベッドはシーリーを愛用しています。ベッドにセットしたスローは、大好きなブランド、アリシア アダムス アルパカのもの。「休む場所」なので、雑誌などの「仕事関係」は置きません。

行ってきます！

Today's コーディネート

原稿執筆後、急いで着替えて出発
麻矢を送った後そのまま出かけるときもあるけれど、この日は一度帰宅して執筆、そして着替えて仕事へ！

コート／アクアスキュータム
ニット／マイー
デニム／ノティファイ
バッグ／エルメス
靴／マレット
サングラス／オリバーピープルズ
ピアス／ノーブランド
ネックレス（長）／パリで買ったもの
　　　　（中）／ドド
　　　　（小）／ベルシオラ

コーディネートチェックへ

最初の仕事は、dinos社の通販誌、『RULe』のコーディネート
もう5年もお世話になっている『RULe』で、担当しているページのスタイリングを組みに。

本書のブツ撮りへ

その後、この本の物撮影へ
15時までかかったコーディネートを終え、そのままスタジオ入り。物撮影に立ち会います。アイテムをもう一度チェック。

106

DOOR 03　　　　　　Personal topic　　　　　　1day

撮影の合間に打ち合わせ

スタッフとこの本の表紙を検討

お供はスタバのイングリッシュブレックファースト、ALLミルクで割って。右上は持ち歩いている文房具のセット。ちょっとした空き時間に一筆箋でお礼を書いておきます。

雑誌の打ち合わせへ

最後の作業は、『VERY』編集部で。連載の打ち合わせへ

毎月やらせてもらっている、『VERY』「オシャレって財産」の打ち合わせ、スタイリングチェックを、編集の藤田さんと。

着替えてディナーへ

帰宅

夫のチャーリーに感謝して、帰宅します

こういう時間が大切なことを理解してくれる夫に、心から感謝して帰宅。次の日が休みの日の、幸せな一日の終わり方。

大好きな人たちとのディナー。そんな時間も絶対に必要!

遠路はるばる自宅まで一度帰り、遅い時間からディナーをスタート。モデルや編集者と食べることが多いので、仕事のことも相談したりして。

おまけ

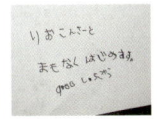

私の宝物★　この子たちがいるから、私も夢に向かって頑張れるのです。

肌も髪も、「おしゃれアイテム」のひとつとして考える
「私らしさ」を支える愛用コスメ

私、いわゆる「美肌」というものには、興味ないんです。肌も髪も、服を素敵に見せるためのアイテムのひとつ、と考えているから。毛穴レスな白肌よりも、ナチュラルな艶のあるテラコッタ肌、ツルツルのストレートヘアよりも、クセ毛を生かした無造作なヘア――「私の着こなし」に、心地良くなじむかどうかを大切にしています。

エステに行く時間がなくても これさえあれば！

<左>10年以上愛用している化粧水。使い始めてから肌トラブルがゼロに。薬用スキンコンディショナー エッセンシャル (165㎖) ¥5,250 <右>勝負日前の必需品。日焼けする旅先では朝昼晩使うことも。薬用スキンコンディショナー エッセンシャル ペーパーマスク (11㎖×8枚入) <共に医薬部外品> ¥3,150／共にアルビオン

肌状態を安定させてくれる お守りコスメ

買いやすい値段ではないのですが、効果が確実なので、必要経費と割り切ってます！ <左>季節の変わり目や超多忙時も、ストレスフリーな肌に。シスレー エコロジカル コムパウンド (125㎖) ¥23,100 <右>私的には、これが究極のアンチエイジングコスメ。同オールデイ オールイヤー (50㎖) ¥38,325／共にシスレージャパン

本当に優秀な使い心地！ メイク道具はSUQQUを愛用

<左>エクステではなくまつげ派なので、いろいろなカーラーを使ってきましたが、これがマイベスト。まぶたをはさむことなく、きれいなカールが。スック アイラッシュ カーラー ¥2,100 <右>高価だけどにとにかく肌触りが素晴らしい！ チークもパウダーもこれでふんわりのせるのが好き。同フェイス ブラシ ¥31,500／共にSUQQU

万能ハーブオイルは いつもバッグの中に

疲れたときや、花粉症でぼやっとしているとき、こめかみや首筋をこれでマッサージするとスッキリ！ 肌に直塗りできるのが便利。旅先でも、湯船にたらしたり機内マスクの香りづけに……とフル活用しています。メントールのクール感に、ほのかに甘みが広がる香り。nahrin ハーブオイル 33+7 (15㎖) ¥2,520／スターティス

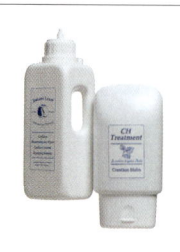

シャンプー＆トリートメントは 子供も使える安全なものを

<左>くせ毛を生かしたナチュラルな質感に仕上げたいから、シャンプーはノンシリコン派。子供たちも一緒に使うので、成分の安全性にもこだわりに。植物療法に基づく製品で、頭皮から健やかに。ジョジアン ヌロール シャンプワン オーザルグ (250㎖) ¥6,195 <右>同CHトリートメント (150g) ¥5,880／ベルブランシュ

まとめ髪のときはこれ！ 軽やかな使い心地のジェル

髪をひとつにまとめることが多いのですが、これは固まりすぎることなく、あくまでも自然なホールド力で、動きのある毛流れをキープしてくれます。100%天然由来成分で、髪に負担がかかりません。香りもグッド。ジョンマスターオーガニック スイートオレンジ&シルクプロテインスタイリングジェル (236㎖) ¥3,465／スタイラ

DOOR 03   Personal topic   Cosme & Pouch

ポーチの中身

「これだけ?」って驚かれることもあるのですが、外出用のコスメポーチの中身は、いつもこんな感じ。お化粧直しをちゃんとする時間がないので、ファンデの類は持ち歩きません。「疲れた顔」に見えないよう、チークやグロスは必携。

A.ポーチ／エルベシャプリエ
迷彩柄のドライな色味&質感が私好み。
B.薬用リップクリーム／DHC
いろいろ試したけど、これがベスト!
C.ビューラー／SUQQU
ポーチの中にも入っていると安心。
D.チーク／イヴ・サンローラン クリームブラッシュNo.1
指でナチュラルにつけられるのが◎。
E.グロス／イヴ・サンローラン ルージュピュールクチュール ヴェルニNo.7
食事をしても落ちにくいリップグロス。
F.マスカラ／メイベリン ボリューム エクスプレス マグナム ウルトラコーム ウォータープルーフ01
ブラシタイプだからダマになりません。
G.マスカラ／SUQQU
ボリュームと長さを出したいときに。
H.アイブロウ／アルビオン エクシアAL アイブロウ インプレッション ホルダーS
眉は落ちやすいので持ち歩いてます。
I.ヘアワックス／AVEDA ライトエレメンツ テクスチュア クリーム ワックス
試供品のミニサイズを外出用に。

今までも、これからも、おしゃれのお手本！

インスピレーションを与えてくれる映画、本、人……

「憧れの女性像」や「理想のスタイル」を具体的にイメージすることは、自分らしいおしゃれを確立するための大切な作業。私のおしゃれを導いてくれるもの——インスピレーションの源をご紹介します！

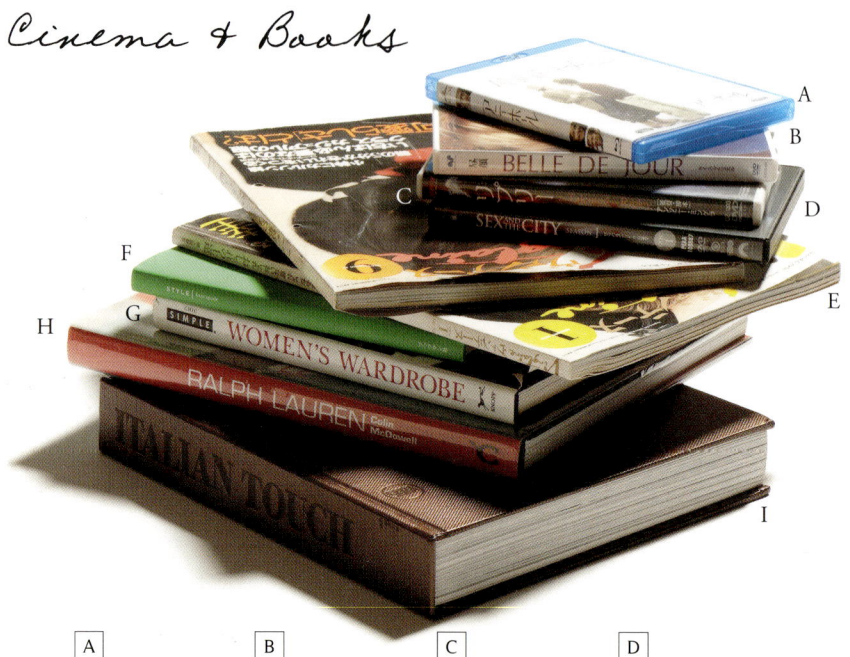

Cinema & Books

A
映画
『アニー・ホール』
大人の女性があえてマニッシュに装うアメリカン・トラッドが素敵。『アニー・ホール』ブルーレイ発売中¥4,935／20世紀フォックス ホームエンターテイメント ジャパン

B
映画
『昼顔』
パリマダムを演じるカトリーヌ・ドヌーヴのクラシカルな装いが好き。髪型やアイラインの入れ方もまねしたい。『昼顔』DVD¥3,990ブルーレイ¥5,040／紀伊國屋書店

C
映画
『リプリー』
麻のシャツにショートパンツ、足元はスリッポン……理想の男性のヴァカンススタイルながらの映画。ヨーロッパらしい洗練カジュアルは、私たち女性にも参考になる。

D
ドラマ
『SEX AND THE CITY』
大人の女性だからこそ似合う、「カテゴライズされないおしゃれ」を堪能できるドラマ。観るたびにワクワクするし、女友達とドレスアップして出かけたくなります！

E
雑誌
『ヴァンテーヌ』
大学生のときに出会って、以来私のおしゃれの筋道を立ててくれた雑誌。その人の内面の美しさを引き出すことが本当のおしゃれ、と教えてくれた。残念ながら2007年に休刊。

F
写真集『STYLE by kate spade』
人気ブランド、kate spadeによるビジュアルブック。オケージョン別のコーディネートがわかりやすく解説されていて、スタイリングのヒントにもなることしばしば。

G
写真集『CHIC SIMPLE WOMEN'S WARDROBE』
ベーシック服でコーディネートすることの楽しさを教えてくれた、95年発売のアメリカのファッション本。写真が美しく、今見ても新しいおしゃれのヒントがたくさん！

H
写真集『RALPH LAUREN』
ラルフ・ローレンならではの「幸せが見えるライフスタイル」がたまらなく好き。アメリカン・トラッドに身を包んだファミリー・ポートレートを眺めていると満ち足りた気分に。

I
写真集『ITALIAN TOUCH』
イタリアの上流階級の人たちの日常着を撮影した写真集。超シンプルな装いでも素敵なのは、シャツの衿の立て方や時計の合わせ方一要は「着こなし」が大事、と実感。

※C〜Iは本人私物

| DOOR 03 | Personal topic | Cinema & Book & Person |

Persons

ケイト・モス

「おしゃれの基準は自分自身」というブレない姿勢がかっこいい！ ヴィンテージとモードをミックスする卓越したセンスの一方で、気に入ったものはとことん着回す地道さも好き。私生活ではゴシップも多いけれど、いろいろな人生経験が自分らしいファッションの「厚み」となって、年齢を重ねるほど輝きを増す稀有なモデル。

モデル・ゆうきさん

撮影でよくご一緒するゆうきちゃんは、私服がとにかくおしゃれ！ ファッションだけが独りよがりで歩いているのではない、「自分らしさ」を熟知したオリジナルなセンスに刺激をもらっています。マニッシュな紐靴やコンバース……「足元ではずす」おしゃれも、だれより早く実践していた人。

母・大草美枝子

カシミアのニットにツイードのスカート、小さなファーの衿巻き……そんな着こなしの母は、子供心にもおしゃれだなぁ、と誇らしかった。私がトラッドでクラシカルなスタイルが好きなのは、間違いなく母の影響。華美にならない、身の丈に合ったおしゃれを心がける姿勢も、母のスタイルから学びました。

『ヴァンテーヌ』元編集長 小山裕子さん

左ページでも触れた『ヴァンテーヌ』。大学卒業後、幸運にもこの雑誌の編集者として働くことになり、小山さんに出会いました。まさに「歩くヴァンテーヌ」だった小山さんは、私のおしゃれの先生であり、丁寧で読者に寄り添った仕事への取り組み方は、今でも私の道標となっています。今もときどき食事をご一緒させていただけるのが嬉しい。

Column 03
大草的旅Style

リゾート

文字通り、命の洗濯。
太陽と海が元気の素

日に焼けると、元気になる気がする。本当にそう。ビーチに寝そべって、サルサを聞きながら本を読む——そんな瞬間が、最高に幸せ。この時間のためなら、旅行前後の殺人的なスケジュールも、家族5人で大移動する大変さも、まったく苦にならない。ここで大人も命の洗濯をし、真っ黒に日焼けをし、兄弟げんかも期間限定で少なくなる子供たち3人を見ていると、もりもりとエネルギーが湧いてくる。12年前までは、ひとりで気ままに放浪し、人やものとのエキサイティングな出会いを楽しんでいたけれど、今は違う。大きなスーツケースを4つ、小さな末っ子を片手に抱え、あたふたしながら出かけて行った先の太陽と真っ青な海は、誰かとこの気持ちをシェアできる幸せを、いつもリマインドしてくれる。そう、今のほうがずっと楽しい！

ハワイのビーチハウスを借りて

成田空港での「女子チーム」

日南子と麻矢の水着は同じ色♥

水着にカフタンで1日過ごす

これはバリ。現地に住む友人と

X'マスは夫の家族も一緒に

OKUSA'S CLOSET DOOR

04

おしゃれetc.

おしゃれでいることは、私の場合、心地良くいることとほとんど意味は同じ。もちろん、背伸びをしてたいときもあるけれど。その心地良さのためにそろえたもの、そして考えていること。そんなことが、このセクションに。

舞台の袖でおしゃれを支える、頼もしいわき役たち

インテリアのところでも触れたけれど、目に触れるすべてのものがスタイリッシュで格好良くなくてはいけない、とはまったく思っていない。大きな声では言えないけれど、基本ずぼらだったりするし……。ただ、お気に入りのカシミヤのニットが、「着たい」と思ったときに、しわくちゃで、おまけに肩にはハンガーの角の跡がくっきり……みたいなことは、悲しすぎて耐えられないと思うし、1日中着ていられるほど大好きなパジャマが、毛玉だらけのスエットではストレスに押しつぶされてしまうかもしれない……。紹介している部屋着やハンガーや、洗剤や、そして収納ボックスなど。すべて、自分が心地良くいられる、ストレスフリーの状況をつくるためにこだわって選んだもの、

というか、試行錯誤を重ねて、出会えた唯一無二のもの。私にとっては、スタイリング、という毎日の主役を陰で支えてくれる、バイプレーヤーたちなのだ。これらがなくては、普通でコンフォタブルな私のコーディネートは完成しないし、毎日、実は避けることができるさまざまなストレスと無縁でいられるから、私というキャラクターさえも支えてくれている気がする。すべてに「こだわり過ぎる」と疲れてしまうから、「え？　ここ？」という、微妙なトピックに自分らしさを発揮したりするのも、実はけっこう楽しかったりする。

着心地の良さと実用性にこだわりあり！
インナー＆ルームウエアのマイ定番

ブログに寄せられる質問で、インナー＆ルームウエアに関するもの、意外と多いのです。
ここで改めて、私が惚れ込んでいるマイ定番をご紹介！

Silk

ランズエンドのシルクインナー

ニットなどの下に着る肌着は、化学繊維のものが、昔からどうにも苦手で……。いろいろ探して出会ったのが、アメリカ発の通販ブランド、ランズエンドのシルク100％のシリーズ。天然素材ならではの暖かさ＆汗をかいても蒸れない心地良さは、クセになります。半袖¥3,980・七分袖¥4,480／ともにランズエンド（日本ランズエンド）

jersey cutandsewn

ジェームス パースのカットソー

ここ数年、日本のセレクトショップでも取り扱いが増えたL.A.発のブランド。コットンジャージーのカットソーは、程よくゆるめのシルエット、深めの胸開き、柔らかな肌触り……と、「こなれ感」がパーフェクト。レイヤードスタイルがぐっとおしゃれに見違えます。カットソー¥12,600／ジェームス パース／haunt（ゲストリスト）

Tank top

ロンハーマンのタンクトップ

胸開きの広いシャツやサマーワンピースのインに着るならこれ。洗いざらしたような風合いと細リブが大人っぽく、ちらりと見えてもおしゃれ。こういう小さな部分で、着こなしに差が出ると思うんです。ヴィンテージ風の絶妙なカラーリングも、ほかではなかなか見つからない！ タンクトップ／ともにロンハーマン（私物）

DOOR 04　　Fashion etc.　　Inner & Room wear

Room wear

アマンディエのルームウエア

大人が心地良く過ごせるルームウエアの専門ブランド。ラブリー過ぎない、シンプル・リッチなデザインは、ちょっとご近所におつかい、というシーンや、旅先でも活躍。日本の老舗寝具メーカー発だから、リラックスできる肌触りもお墨付きです。コットンレーヨンのパーカ¥12,600・ワンピース¥14,700／アマンディエ（昭和西川）

night clothes

GapBodyのパジャマ

最近は、日本でも買える店舗ができたのが嬉しいGapBody。モダールのなめらかな肌当たりが気持ちよく、すっきり見えるのに締めつけ感のないシルエットも優秀。洗濯機でがんがん洗ってもヘタらない丈夫さもさすが。パンツ¥3,900・レースガウン¥4,900／ともにGapBody※一部店舗のみ取り扱い（Gapフラッグシップ原宿）

Lingerie

サブリナ ナダルのランジェリー

レースのランジェリーなら、フランスのブランド、サブリナ ナダルが最近のお気に入り。セクシーで洗練されたデザインが、女性らしい気分を高めてくれます。旅先の南の島ではパジャマ代わりに着ることも。カシミア混キャミソール&ショーツのセット¥19,950／サブリナ ナダル（スピック&スパン ノーブル 六本木ヒルズ店）

自宅で活躍中のお気に入りを公開！
お手入れ＆収納の
お役立ちアイテム

子供たちのためにも、洗剤類はなるべくナチュラルな成分のものを。あとはそのときどきで、「気持ちよく使えるもの」を基準に選んでいます。

DETERGENT

植物系原料だから環境にも優しい洗濯用洗剤

<左>安全性にこだわったベルギーの洗剤。ほのかなラベンダーの香り。エコベール ランドリーリキッド(1.5L) ¥1,470／ロジスティークジャポン
<右>すすぎ1回に対応の液体タイプ。ミキクリーンライト(450g) ¥1,890／三基商事

HARB WATER

バラの香りがふんわり広がる伝統のハーブウォーター

妊娠中に使い始めたのですが、ナチュラルなバラの香りがとにかく心地良くて！ 服やリネン類にさっとひと吹きしておくと癒されます。ボディの保湿にもOK。サンタ・マリア・ノヴェッラ ローズウォーター(250ml) ¥3,675／サンタ・マリア・ノヴェッラ銀座

CLEAN BRUSH

お気に入りのニットは毛玉取りブラシでまめにお手入れ

クリーニングのプロも推薦しているブラシ。これで優しくブラッシングすると、ニットの風合いを損なわずにきれいにケアできます。洗濯塾の毛玉取り（専用ブラシクリーナー付き）「よりどり2点対象商品」2点で¥3,990※1点では購入不可／ディノス

SWEATER STONE

ニットの裾にできた小さな毛玉には専用の軽石も便利

ニットの裾にできた小さな毛玉を取りたいときは、この軽石で。最近日本のセレクトショップでも取り扱いが増えたN.Y.のファブリックケアブランド、"ザ・ランドレス"のもの。ザ・ランドレス セーターピルオフストーン ¥3,150／アントレスクエア

DOOR 04　Fashion etc.　Use Items

HANGER

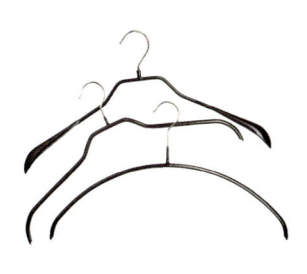

クローゼットの
省スペースも実現できる
ドイツ発の優秀ハンガー

ニットやシルクもすべらず、肩山がきれいに収まる計算されたフォルム……家中のハンガーはすべてこれに統一しています。MAWA ボディーフォーム (42.5cm) ¥683、レディースハンガー (40cm 2本セット) ¥588、レディースライン (40cm 3本セット) ¥1,000／長塩産業

ACCESSORY CASE

よく使うアクセサリーは
カフェオレボウルに
まとめて収納

よく使うアクセサリーの組み合わせは、セットごとに小さなボウルに入れて、クローゼット脇の棚に置いています。見た目にも可愛いし、何より朝晩、はずすとき&つけるとき効率よく便利！　アピルコ チャイナボウルφ110 ¥1,050 φ125 ¥1,365 φ140 ¥1,470／F.O.B COOP広尾店

REPELLENT

自然な香りが長持ちする
ハードワックスタイプの
ポプリタブレット

サンタ・マリア・ノヴェッラならではのスパイシーで上品な香りは、昔から好きなんです。旅先にもっていけば、ホテルのクローゼットも自宅と同じ香りに。サンタ・マリア・ノヴェッラ タボレッタ ポプリ（2枚入り）¥4,200／サンタ・マリア・ノヴェッラ銀座

STORAGE BASKET

家中のかさばる物は
お気に入りの
バスケットに入れて

スリッパ、ベルト、ストールなどは、アイテムごとにバスケットに入れて、家中のあちこちに置いています。無造作な感じが、落ち着くんですよね。Fatima Morocco テープタッセル バスケット ¥6,090、3色スパンコール バスケット ¥14,700／ファティマ

STORAGE CASE

バッグは形状別に
布製ケースに
すっきり収納

肌ざわりのよい布製で、これ自体が軽くて持ち運びがラク。クラッチ、ボストン、トート……とバッグのかたち別に分けておくと、たくさん入るし取り出しやすい。無印良品　ポリエステル綿麻混・ソフトボックス・フタ式・L ¥2,000／無印良品 池袋西武

おしゃれのケアの基準は自分で
服のお手入れ練習帖

このページのアイデアソースは、私のブログ。みなさんにお手入れについての質問を募ったところ「レザーはクリーニングに出していますか？」「デュベティカのダウンは？」というような具体的なご質問をいただき、私の知識だけでは正しい答えを紹介できなかったから——。私もお世話になっている白洋舎のプロの方と、ブランドの担当者にお聞きしました。大切な服やバッグ、靴を、愛情をもって、できるだけ長く着続けたい……もちろん、そう。けれど、一方で、大事に扱い過ぎて、着る機会がうんと減ってしまったり、もしくは汚れを気にするあまり、おしゃれをすることの楽しさから自由になれなかったり。それではもったいない！　クリーニングに出すか家でお手入れするか、その基準は自分で決めるべきで。当然修理やクリーニング代が載ったプライスこそ、「その服の値段」なのだと思う。

白洋舎監修
プロに教わる一生ものの
お手入れ基礎知識

白シャツの衿元に付いたファンデーション。冬場着続けたコートに感じるほこりや汚れ。服の素材も違えば、汚れの種類も違います。素材や汚れの種類によって、お手入れ方法は変わってきます。ここでは、明治39年創業の老舗クリーニング店、白洋舎の洗濯科学研究所におじゃまして、お手入れ方法のあれやこれやを伺ってきました。

LESSON 1　**繊維の種類**

大好きなリネンのシャツやコットンのTシャツ。その素材の繊維は何？　繊維を知ることは、適切なお手入れ方法を知り、実行することにつながります。

[天然繊維]

植物繊維
（綿・麻）

動物繊維
（絹・毛）

[化学繊維]

再生繊維
（レーヨン・キュプラ・ポリノジック）

半合成繊維
（アセテート・トリアセテート）

合成繊維
（ポリエステル・ナイロン・アクリル）
（ポリ塩化ビニル・ポリウレタン）

LESSON 2　繊維の特徴

繊維には種類があって、特徴もさまざま。ここでの1〜5のポイントが頭の片隅にあれば、できてしまったシワの解消や、ふとした汚れの応急処置に一役買います。

1. ドライクリーニング

- ■ 可：　　下記以外のすべての繊維
- ■ 不可：　ポリ塩化ビニル

2. 水を吸う

- ■ 吸う：　　　天然繊維　再生繊維　半合成繊維
- ■ 吸わない：　合成繊維

3. 摩擦に強い

- ■ 強い：　合成繊維　再生繊維　半合成繊維
- ■ 弱い：　天然繊維

4. 繊維の長さ

- ■ 長い：　合成繊維　再生繊維　半合成繊維
- ■ 短い：　天然繊維

5. 熱に強い

- ■ 強い：　天然繊維
- ■ 弱い：　合成繊維　　再生繊維　半合成繊維

■ 膨潤について

天然繊維や再生繊維は、水を含むと繊維が膨らみます。それが膨潤です。膨らんだ状態のまま張力がかからずに乾燥すると、シワや収縮、形態変化の原因に！　その素材が水を吸うのか、吸わないのか。知識があると役立ちます。

1. 乾燥状態
2. 水を含んだ状態（膨潤）
3. 2.の後張力をかけずに乾燥した状態

■ 毛玉について

毛玉問題は、繊維の長さに起因します。繊維の長さが短い、例えばウールのニットは、毛玉ができてもコロンとしているので、取り除きやすいですが、レーヨンのカットソーのように繊維の長さが長いものは、毛玉がちぎれにくく、取り除きにくいという性質があります。毛玉ができたら引っ張らずに根元をハサミやカミソリでカットしましょう。

LESSON 3　洗剤のポイント

いくつもの洗濯洗剤が存在するのは、それぞれ異なる特徴があるから。あなたのお手持ちのアイテムたちは、それぞれ色も違えば素材も違うはず。お洗濯物に合った洗剤選びが大切です。

1. 液性について

弱アルカリ性と中性の2種類に分類されます。右の表にある通り、汚れ落ちに違いがあり、洗剤によって、洗えない繊維があります（粉末洗剤は弱アルカリ性）。

	弱アルカリ性	中性
汚れ落ち	良い	劣る
使えない繊維	毛、絹	―

2. 「水洗い不可」のマークについて

水洗い不可のマーク。縮み、型崩れ、色落ちなどのリスクを避けるなら水洗いはしないほうが無難。

3. 蛍光増白剤について

光に当たると青く発し、白いものを更に白く見せる蛍光増白剤。蛍光増白剤配合のものと、無配合のものがありますので、購入前に表示を確認しましょう。

4. 「おしゃれ着用洗剤」や「ドライマーク洗剤」について

ちょっと割高ですが、この洗剤を使用すると滑らかな仕上がりに。市販の「おしゃれ着用洗剤」「ドライマーク洗剤」は、実は「水洗い用」の中性洗剤です。そのため取扱い表示に水洗い不可のマークがないことが使用できる条件です。

LESSON 4　シミの落とし方

汚れが付いてしまった！ そんなときはまず、汚れの付着量を減らしてください。例えばケチャップ。ぽってりしているので、つかみ取るように拭うのが◎。　こすったり揉んだりするのはNG。また、「水で応急処置をしたら、かえってそれがシミになってしまった！」という経験はありませんか？　取扱い絵表示に水洗い不可のマークのあるものは、水洗いができない素材。潔くプロにお任せすることをおすすめします。

LESSON 5　カテゴリ別ポイント

素材や繊維によって水に対する反応は異なります。あくまでも、その素材の繊維が何で、水によって変化するかどうかを念頭に置いてお手入れを行ってください。

1. レザー
湿った状態で熱を加えると硬くなったり縮んだりします。どんなレザーも、濡れたらまず水気を拭き取って自然乾燥させましょう。

2. 白い服
同じ白でも繊維はさまざま。まずは繊維を知り、それに合った対処を。そして、汚さないようにする心意気も大切です。

3. デニム
デニムは洗わないという方もいらっしゃいますが、衛生的には水洗いしたほうが◎。裏返したり水量を増やすだけでも、色落ち低下に貢献します。

4. ミックス素材
例えばレザー×コットン。水洗いすると、レザーの硬化や収縮、レザーからコットンへ色移りしてしまうことも。素材と色から、対応方法を考えましょう。

5. ウール
ウールのパンツのテカリ。原因は繊維がすり減っている場合と、汗等の汚れの目詰まりの場合があります。後者の場合は押し洗いをすることで解消できる場合もあります。

6. キャンバス地
基本的に水洗いできますが、生成り×ネイビー等、2色使いの場合は要注意です。色移りの可能性があります。

7. コットン
シワのあるまま着用すると凸部分がいためやすく、また汚れが付いたままアイロンをかけると汚れが変化しやすい特徴があるので、注意を。

8. ダウン
「ダウン」といっても、表面の素材はいろいろ。例えば素材がナイロンであれば、水洗いも可能ですが、取扱い絵表示を確認しましょう。

LESSON 6　保管方法

1. 日常着るもの
保管のキーワードは「冷・暗・乾」。この三つがそろっていることが大切です。蛍光灯に当たっているだけでも、服は焼けているものなのです。日常着るものは、クローゼットの手前にありがちですが、光を避けつつ、風通しをよくして。日常着るからこそ、気をつかいたいものです。それから外から帰ってきたら、ホコリを払う。これだけでも全然違います。

2. シーズンオフ
一旦クリーニングに出して、それからクローゼットに。その際、クリーニング屋さんのポリ袋は外しましょう。ポリ袋は、あくまで輸送時のホコリ除け。通気性を整えることが大切です。クローゼットの扉を開けたり、時々風に当たり。シーズンを迎えて、袖を通したとき、気持ちがピシッとすることを思い描いて――。

白洋舎 CLEAN LIVING

明治39年（1906年）創業。日本に初めてドライクリーニングを導入した、業界のリーディングカンパニー。今回は経営企画部の荻原さんと、研究員の長谷川さんにお話を伺いました。ありがとうございました！
HP：http://www.hakuyosha.co.jp/

DOOR 04　　　　　　　Fashion etc.　　　　　　　Cleaning & care

みんなの大好きブランドの
お手入れ方法をチェック！

いつまでもクローゼットにいてほしい——。そんな大好きブランドアイテムのお手入れ方法をご紹介します。

"アクアスキュータム"のトレンチコート

●袖口の擦り切れや黒ズミ
アクアスキュータムのトレンチコートは袖が長目につくってあるんです。袖口が気になったら、お直しでカットすれば、新品同様！
●雨や雪で濡れてしまったら
水滴や雪。押さえつけずに、手ではたくようにして落とすと、シミになりにくいです。
●防水スプレー、かけるべき？
高級素材のため、シミになる恐れがあります。また、生地に強度の撥水加工を施しているので、10年着用しても撥水能力は持続します。

"デュベティカ"のダウン

●雨や雪で濡れてしまったら
ダウン自体は水鳥のものなので、水に濡れても乾かせば大丈夫。また、生地自体も撥水加工を施しているので、多少の水滴ははじきますが、濡れたら早目に水分を拭き取りましょう。
●シーズンオフ中の保管
しまう前に、湿気を取りましょう。風通しのよいところに吊って、よく乾燥させてください。ダウンは、人の身体の湿気を吸い取って、外に発散させる性質があるので、残っている湿気を追い出すことが大切なのです。

"マッキントッシュ"のゴム引きコート

●外から帰ってきたら
柔らかいブラシを使って、表面のホコリを落としてからクローゼットに保管しましょう。
●目立つ汚れが付いてしまったら
絞ったタオルに、薄めた中性洗剤を少しだけ垂らし、汚れた箇所周辺を叩くように拭いてください。その後、固く絞ったタオルで洗剤を除去することをお忘れなく。
●直接肌の触れる衿や袖口の内側
汗や皮脂汚れが付きやすいこの部分。そのままにしておくと白化の恐れが。固く絞った濡れタオルで優しく拭くと、白化や黒ズミを防ぎます。

"UGG®"のシープスキンブーツ

●雨や雪で濡れてしまったら
乾いた布で水分をよく拭き取り、風通しのよい場所で陰干ししてください。その際、型くずれ防止のため、吸水性のよい紙などを中に詰めて。
●実は洗える
専用クリーナーを使えば、手洗いができます。ご興味のある方は、お店で聞いてみてください。
●シーズンオフ中の保管ポイント
箱に入れて保管しがちですが、箱に入れるとその中は密閉され、高温多湿状態に。カビの原因になることも。風通しがよく、湿度の低い場所で保管してください。

大草流お手入れルールQ＆A

Q. 白い洋服の洗濯はどのようにしていますか？
A. 基本、白い服はランドレスのwhite Detergent（白い衣類用洗剤）で洗います。

Q. 衣替えはどのようにしていますか？
A. とにかくこまめに行います。1年に2回と考えず、2カ月おきくらいに。

Q. 丈詰めなどのお直しはどこのお店でされていますか？
A. 基本は、そのメーカーやブランドにお願いします。

Q. ムートンやレザーなどアイテムによってクリーニングのお店は分けられていますか？
A. どんなに高いものでも、基本的にはブラシや乾いた布で汚れを落とすだけです。

Q. その他、洋服のお手入れのポイントを教えてください。
A. レザーのインサイドがリネンだったりもしますが、買うときに必ずメンテナンスできるか聞きます。あとは、収納をぎゅうぎゅう詰め過ぎず、"しまいっぱなし"にしないことが大切かと思います。

おわりに

初のオールカラーの書籍。書くだけの作業とはまた違い、本当に多くの人の力と、そして思いのこもった宝物になりました。感想はいかがでしたでしょうか？ 盛りだくさんの内容なので、数日後に、気になるページを、また開いていただけたら嬉しいです。
まずは、この本を出版するチャンスをくださった、ワニブックスのゆきたんこと、青柳さん。その情熱と、そして私の性格をわかった上での、的確なアドバイスに、どれだけ救われたことか……。同じくワニブックスの杉本さん。きめ細やかな仕事に感動し、私は我が身を何度も反省したりして……。そして、編集を手伝ってくれた、三尋木奈保さん。決して妥協しないページづくりと、おおらかで楽しいキャラクターで、撮影現場を盛り上げてくれました。季節はずれの大雪の日も、ずぶぬれになりながら撮影をしてくれた最上ちゃん、丸4日間かけて、表紙を含む、たいそう素敵な写真を撮ってくださった佐藤彩さん。そして、相変わらず土日に執筆をする母を見守ってくれた子供たちに、言葉に言い表せない大きな愛情を注いでくれる夫のチャーリー。いつも私の落とし物を拾い、フォローしてくれたアシスタントたち。
最後に。そしてもちろん、読んでくださった皆様。
本当に、本当に、ありがとうございました。
こんな人たちと、1冊をシェアできることが、今回の仕事で得た、最高の体験でした！

2012年6月　大草直子

Shop List

アルビオン ☎0120-114-225
アントレスクエア ☎03-5766-9385
紀伊國屋書店映像課 ☎03-6910-0530
サンタ・マリア・ノヴェッラ銀座 ☎03-3572-2694
シスレージャパン ☎03-5771-6217
SUQQU ☎0120-988-761
スターティス ☎03-6421-1867
スタイラ ☎0120-207-217
ディノス ☎0120-343-774
長塩産業 ☎03-3888-9188
20世紀フォックス ホームエンターテイメント ジャパン ☎0120-933-733
ファティマ ☎03-6410-5758
F.O.B COOP広尾店 ☎03-3446-5332
ベルブランシュ ☎0120-30-6033
三基商事お客様相談室 ☎0120-066-400
無印良品 池袋西武 ☎03-3989-1171
ロジスティークジャポン ☎0120-61-9100

衣装協力

アイヴァン（オリバーピープルズ、ソルト）☎03-5413-3560
IWC ☎03-3288-6359
アナトリエ ミュゼ プリヴェ新丸ビル店 ☎03-5220-2777
アマン ☎03-6805-0527
ウィム ガゼット 青山店（ウィム ガゼット、テア グラント）☎03-5778-4311
エストネーション ☎03-5159-7800
エル・エル・ビーン カスタマーサービスセンター ☎0120-81-2200
Gapフラッグシップ原宿 ☎03-5786-9200
ゲストリスト ☎03-5728-8788
コンバースインフォメーションセンター ☎0120-819-217
昭和西川（アマンディエ）☎0120-711033
スピック＆スパン ノーブル 六本木ヒルズ店 ☎03-6438-1267
ジミー チュウ ☎03-5413-1150
スリードッツ代官山アドレス店 ☎03-5428-3792
ドレステリア 二子玉川店 ☎03-5797-3351
日本ランズエンド ☎0120-554-774
ラ・グラン アクアガール青山 ☎03-5414-1260
ラコステ ☎03-6894-0318
ラ・フォンタナ・マジョーレ 丸の内店 ☎03-6269-9070
リーミルズ エージェンシー（ジョン スメドレー）☎03-3473-7007
ロンハーマン（ロンハーマン）☎03-3402-6839

※本書に記載している情報は2012年7月時点のものです。
商品の価格や店舗・ブランドの情報などは変更になる場合があります。
※記載商品については売り切れや販売終了の場合もございますので予めご了承ください。
※美容に関する効果や効能には個人差があります。

※本書に掲載されている衣装は、p81-95（一部を除く）、p116-117を除いてすべて大草さんの私物です。
※このページのリストには大草さんの私物のブランドの問い合わせ先は表記しておりません。
大草さんの私物に関しては現在入手できないものもあります。
ブランドへのお問い合わせはご遠慮くださいますようお願いします。

NAOKO OKUSA'S STYLING BOOK

STAFF
撮影　最上裕美子(人物)
　　　佐藤 彩(静物)
デザイン　橘田浩志(attik)
編集協力　三尋木奈保
ヘアメイク　清水ヤヨエ(+nine)
イラストレーション　吉岡香織
校正　東京出版サービスセンター
写真提供　アフロ
編集　青柳有紀　杉本透子(ワニブックス)

大草直子のStyling Book

大草直子　著

2012年 7月23日　初版発行
2013年 5月25日　8版発行

発行者　横内正昭
発行所　株式会社ワニブックス
〒150-8482
東京都渋谷区恵比寿4-4-9
えびす大黒ビル
電話　03-5449-2711(代表)
　　　03-5449-2716(編集部)
ワニブックスHP　　　http://www.wani.co.jp/
美人開花シリーズHP　http://www.bijin-kaika.com/

印刷　凸版印刷株式会社
DTP　株式会社オノ・エーワン
製本所　ナショナル製本

定価はカバーに表示してあります。落丁本・乱丁本は小社管理部宛にお送りください。
送料小社負担にてお取り替えいたします。ただし、古書店等で購入したものに関してはお取り替えできません。
本書の一部、または全部を無断で複写・複製することは法律で認められた範囲を除いて禁じられています。

© Naoko Okusa 2012　ISBN 978-4-8470-9081-3